乾脆躺平算了!?

關於翻身，那些沒說的故事……

張慧慈 著　BIGUN 繪

自序 只想好好躺下

剛畢業的時候，我對於社會充滿期待。因為在大學接觸到了社會學，讓我對人生有不同的看法跟認識。很多過去我習以為常的事情，並不是我以為的上輩子燒香不夠，多數是因為社會結構所造成的。因此，我認為我第一次真實的轉大人，是在大學，也認真覺得我可以成為改變結構的一分子。我帶著滿滿的熱情跟憧憬，還有源源不絕的體力，進入了社會，欣然接受任何挑戰，把每一個挑戰視為重要的機會。因為這些機會是我以前想像不到的選擇，所以我的未來充滿無限可能。

曾經在一場演講中聽過一個故事，演講者以前曾經到某校航空系演講。他問在場所有的學生，畢業後要做什麼。得到的答案幾乎如出一轍：當空服員。只有一個來自香港的僑生給了不一樣的答案：管理者。演講者問僑生，不想成為空少嗎？僑生告訴演講者：「當然不想啊，我想做的是管理者，不是基層的空服員工作。因為在香港，所有人都知道要做管理者才是好的工作」講！師後來常常在其他地方講這個故事，並且告訴聽眾，這就是環境的重要性，好的環境，會造就高瞻遠矚的視野。

這個故事講的視野，其實就是一種對於選擇的多元性。

井底之蛙的例子，就是環境造就視野的侷限，進而影響選擇的多元可能。在高中前，幾乎所有我的朋友，他們未來的志願不是當醫生，就是當老師，偶爾一些人說要變成靠說話維生的人，還會被大家當成在開玩笑。我們所能做出對未來的想像，都是直接的職業想像，並且選擇相關的科系，踏上實現未來夢想的道路。當我們大學畢業後，沒有選擇系所相關職業時，便會引發深深的焦慮，不知道我們可以幹嘛。換言之，我們不知道選擇可以有多元想像。而這是我們的環境所造就出來的。

過去，有機會受邀演講關於翻身的議題時，我總是會跟來參加講座的朋友說：「如果可以，也有能力的話，好好拚上一個好大學，真的會改變你的人生。因為進入了一個好的環境，可以拓展視野，也讓你看到更多的選擇。如果沒辦法，就多看書吧！」

如果沒辦法改變環境，也要讓自己能夠具有選擇的多元性想像。這裡對於選擇的多元想像，重點不只是多元，還要能夠洞察這個選擇是否真的是好選擇。拜科技所賜，許多資訊得以公開，不再掌握在少數人的手中。然而，資訊量的爆炸，也讓判斷資訊的能力成為關鍵力量。

如何判斷資訊的正確性，其實也多取決於是否能夠掌握正確資訊來源的可能管道。例如之前在工作時請同仁查資料，有些同仁會用google scholar，有些同仁會給我yahoo！知識或是維基百科，有些同仁甚至會問怎麼找，我也才知道，不是每個學校都會教授找資料的相關方法和手段。

不只是資料的重要性而已，還有選擇背後所需具備的條件，其實必須要有能力去洞察。比方當代年輕小朋友，或許能夠清楚認知到一般工作要讓自己成功，難度越來越高。過去讀書就能翻身的說法，雖然還不到神話等級，卻已遭受許多挑戰，我自己跟我筆下的人，都有相同的質疑。所以，這些人可能更傾向賺快錢，也讓很多低薪青年轉而從事直銷、詐騙等高報酬的工作。或者，成為YouTuber。前幾年英國的年輕人第一夢想職業是Blogger，現在也轉變為YouTuber，彷彿只要掌握工具，每個人都能進行同樣的選擇，而忽視了這些選擇背後，所被預期具備的專業能力跟人脈。

保持選擇的多元想像，並同時具備洞察選擇的能力後，下一個關鍵，就是避免自我設限。要能夠做到這點，實際上要先知道有哪些選擇，然後認知到這些選擇所具有的限制，可能是可以突破的。再鼓起勇氣去挑戰限制，方能成就所謂的不自我設限。

在研究所的時候，我曾經非常想去韓國留學，看少女時代的美腿，吃辣炒年糕，跟歐巴交往。但家庭不足以供應我去留學，也還需要我負擔家用。因此，我退卻了，告訴自己不能去留學也沒關係，去玩也可以，YouTube 的美腿可以無限看到飽。大學室友勸我再試試看，還真的讓我查到了韓國政府的全額獎學金，省吃儉用一點，還可以存錢寄回家，好像機會終於向我伸出手說，來追我啊～

但看了一下限制：托福得一一〇以上，或是Topik（韓文語文能力檢定）中級以上。前者我肯定沒有，後者我只有初級二，還差得遠了。再加上要準備很多英文備審資料，我肯定沒辦法，所以就放棄了。

過了幾天，室友透過臉書訊息，給了我幾份電子檔，打開是翻成英文的相關資料。為了逼我接受挑戰，室友幫我付了報名費，還準備了備審資料，甚至連回郵信封都買好了，只要我簽名寄出去就好。我感謝著室友，一邊覺得不可能，一邊把資料寄了出去。然後，過沒多久，我就收到二次面試通知了。

幾百份的申請資料，只錄取六個人進入第二階段。而我是那六個人裡面，唯一不符合資格卻被破格入圍的人。雖然面試表現不佳，沒能真正前往韓國留學，但這次的經驗告訴我，表面上的限制是有可能被打破的。

轉職時，朋友推薦了我一個新創公司的工作。我覺得自己並不是很符合該工作的需求，但朋友照三餐問候我寄履歷了沒，比我爸的早安晚安長輩圖傳得還勤，甚至還寫了推薦信給新創公司，我只好把履歷寄出。過沒多久，還真的收到了面試通知。最令人驚訝的是，我即將要面試的職位不是本來履歷不太符合的工作，而是另外一個他們為了我而開設的新工作。

我並不會將這兩個經驗，單純的歸功於我有不自我設限的勇氣。在這裡我要跟大家揭露的是，這個不自我設限的勇氣，是環境培養出來的，是人脈造就的。換言之，如果我朋友沒有幫我準備英文備審資料，我會告訴自己算了吧，然後錯失了申請韓國獎學金的面試機會，更不用說培養了打破限制的勇氣。而如果我沒有認識新創公司的朋友，我幾乎不覺得我會有向新創公司求職的選項，也不會有獲得量身打造工作的面試機會。我跟尚恩的姐姐（見《成功就是每餐兩百元》）最大的不同點在於，我們都曾經在人生的挑戰中自我設限過，只是我的環境讓我得以改變，而尚恩的姐姐沒有這樣的環境，反倒從失敗中自我印證了自我設限的正確無誤。

擁有選擇的多元想像，以及不自我設限的勇氣後，我們就能出發面對人生的挑戰。但挑戰的嚴峻，可能超乎想像。許多跟我一樣想要翻身的人，在翻身的過程中，常常不知道自己可以休息，只是不停地鞭策自己往前進，不成功便成仁，很怕再度回到過去的生活。然而，是時候該告訴我們自己，走累了就休息吧！休息也可以是個選擇。

幾年前日本電通年輕ＯＬ因為不堪業務負荷，選擇自殺後，社會興起了一個討論：何以年輕人會絕望至此？

於是，大家開始回顧過去找尋蛛絲馬跡，然後，列出幾個可能的原因，例如廣設教育讓年輕人沒有競爭力、台灣年輕人安守於小確幸，也有些說年輕人不肯吃苦了。總而言之，除了承認低薪是事實外，其他的幾乎全數是年輕人在長大的過程中，因為社會進步了，被慣養出的壞習慣。然而，這或許正是年輕人絕望至此的原因，因為這個問題真正重要的關鍵在於：為什麼只剩下自殺這條路可以走？難道沒有其他選擇了嗎？很多討論直指，在日本的社會文化下，走上絕路可能真的是那名年輕上班族唯一的路。而在台灣，對於弱勢而言，翻身不如以前那麼容易，我們很容易受到挫折，進而產生質疑，甚至走向自我放棄。但我們必須要不斷的告訴自己，休息是為了走更長的路，躺著甚至恢復得更快，只是，我們要比別人多準備一點休息的籌碼。

年初，我因為種種原因，選擇辭去工作。我在辭掉工作前，諮詢了相當多的朋友跟前輩。大學的朋友跟我說，人生就是應該去闖闖，休息一下沒關係，再出發會更好。他們鼓勵我辭職，並且離開舒適圈，轉換跑道重新發展新的領域，「妳很有能力，缺乏的只是勇氣，辭職可以讓妳看到不同的選擇」。高中的好友不反對我離職，但她覺得我應該騎驢找馬，找到新工作再離職，「這樣妳比較不會緊張，才能好好的找新工作」。工作中的前輩，多數說我還年輕，還有無限可能，想好了離開去闖闖也沒關係。

所以，我就毅然決然的離職了。在要離職前，我清算了自己的存款，必要的開支以及是否能夠申請到失業補助。確認至少可以支撐三個月到半年後，我就離職了。離職需要勇氣，活著需要吃飽的力氣，所以我要先確認口袋裡的錢夠不夠，才能離職。畢竟鼓勵我離職的朋友，原則上不用擔心餓肚子。

當我們從新手村，也就是學校畢業後，一定很期待即將展開的冒險旅程。但在出發前，若是可以的話，先備著攻略跟糧草，知道旅程中有哪些選項可以選擇，並且隨時存檔。當屠王不成功，我們千萬不要砍掉重練，可以回到新手村整備再出發。想想十里坡劍神的例子，縱使回到新手村，也是充滿無限可能的。累了就休息，但不要不假思索沒有存檔就休息。躺下需要技巧，才能躺得更美好。知道怎麼躺下的人，才有重新爬起來的可能。想知道怎麼躺下嗎？除了騎驢找馬外，建議參閱本書「非自願性離職」這一段，學習失業補助怎麼申請，再談離職也不遲啊！

May the 失業補助 be with you！

註：十里坡劍神，源於國產遊戲《仙劍奇俠傳》。有名玩家在玩《仙劍奇俠傳1》時，因為找不到進入下一個劇情的傳送點，在新手村十里坡埋頭苦練，終於練成最強的「劍神」技能，故得「十里坡劍神」的稱號。

目錄

可愛最無敵

「我告訴妳，我在大學領略到了一個道理，就是『可愛無敵』。只要妳夠可愛，就可以比別人付出更少的努力，獲得同樣、甚至更多的回饋。而且，這一招到了我現在的工作，也還是很有用喔。」

有一天，大大跟我說，她有一件事要跟我說。

身為一個從小就沒有顏值的孩子，被誇可愛都是用以替代漂亮的名詞，我並不是很能理解可愛作為一種技能是怎麼回事，直到自己親身見證了大大所描述的情形。

那是在一個冬天夜裡，我和大大，以及大大的男友一起出去玩。雖然是十月下旬了，天氣還是非常熱。回到青年旅館前，我突然很想喝飲料，而且是手搖杯的那種。

對我來說，比起便利商店寶特瓶或是利樂包飲料，我更喜歡喝手搖杯，雖然手搖杯價錢比較貴。飲料店店員在客人點完餐後，會先看一下杯子上貼的產品標籤，確認要製作的品項後，拿起旁邊乾淨的鐵製雪克杯，鏟起滿滿的冰塊放入，再押入裝在塑膠桶或是保溫桶裡滾燙的熱茶，看著冰塊隨著熱茶注入而迅速融化，蓋上有小洞的鐵蓋子，再蓋上小洞的小鐵蓋子，接著把雪克杯高舉過頭，像是跳傳統舞蹈的搖晃數下。然後，打開小鐵蓋，茶色的湯水緩慢流出；打開大鐵蓋子，把飲料連同未融化的冰塊一起倒入七百西西的紙杯中，如果是點去冰，這之前還要再倒入一些茶進雪克杯，略略搖晃一下，讓茶湯將浮在上面綿密的茶泡擠出，順著杯緣流下。擦去杯身殘留的泡沫以後，就能聽到「張小姐，妳的青茶無糖去冰好嘍」。整個過程好像一齣短片，令人感到愉悅，所以與其說喜歡手搖杯飲料，倒不如說是喜歡看這一杯三十元飲料所換來的精彩演出。

但，看了看手錶，已經將近十一點，多數飲料店都打烊了。我滑開手機搜尋，找了一下，終於找到一家在五分鐘路程左右的飲料店還開著，而且評價還挺高的。我拉著大大手刀衝刺到店門口，前台燈已經關閉，看起來正在收拾當中。我不死心，語帶尊敬的詢問是否還可以點餐。店員停下動作看了看我，表情有些猶豫——雖然時間還沒到，但做了我這杯，可能就超過，而且又要重複清潔步驟，倒不如找個藉口拒絕我，讓自己和其他同事可以早點下班？就在這時候，大大向前一步，一派自然的說：「幫我做一杯嘛~拜託，我真的很想喝~」

當下，店員就像收到什麼外太空訊號一樣，立馬脫口而出：「想喝什麼？」完全一副像面對女朋友撒嬌的樣子。

這個時候，大大走了向前，很自然的跟店員說…
幫我做一杯嘛～
?
咦咦
YEAH!
拜託。
可愛可愛可愛
想想喝什麼!?
抖抖
喵
抖抖
輕輕鬆鬆～
…
可愛無敵啊！

大大隨即轉過頭來，「慧慈，他答應了，妳想喝什麼？」

「紅茶，無糖去冰，謝謝。」

「那這位小姐想喝什麼呢？」聽完我點餐，店員又轉頭盯著大大問了一遍，彷彿這杯他招待一樣。但大大沒有想喝，而且大大幫我點完餐後，便轉過頭去跟男朋友聊天。其實我也不知道店員是用什麼心態在幫我製作這杯飲料，剛剛的一切也是殺得我措手不及。在我取完餐後，又有一對情侶走了過來，女生穿著熱褲和一字領上衣，但這次店員就是直接說已經打烊了，並不打算幫他們製作飲料。

拿到飲料回到飯店後，我興奮的跟大大道謝，並問她怎麼做到的。大大告訴我，她已經很久沒有使用可愛攻勢，沒想到還是管用。

又如在系上團隊合作要交作業時，雖然大大都有參與，但大部分時間還是放在準備研究所考試，此時大大只要說聲「我這禮拜比較沒空耶」，同組的朋友就會給予更多的包容，甚至在知道她是要準備研究所考試時，會更加的諒解，覺得那麼努力準備的女孩子，我們要多給些協助。其他同學可能因為家境不好，需要撥時間去打工，卻未能獲得同樣的相等，反而有種「自己沒安排好時間，就要自己負責」的苛責出現。

「這就是我跟妳說過的啊，可愛無敵！」

送你公司要不要？

二十二K，曾經是台灣低薪的代名詞。雖然在2018年，已經正式地走入歷史，但從二〇〇八年開始，長達十年，定義著台灣年輕人的低薪人生。不只台灣，在韓國也有所謂的八十八萬世代，折合台灣的消費物價，也大概是二十二K。

然而，二十二K，不是當代台灣才有的現象，每個世代，都有低薪的青年存在著。

大大的爸爸，在一間貨運行工作。已經三十好幾了，還是只能送貨，偶爾會跑個業務，處理一下訂單，薪水大概就是二十二K，當然是以現在的物價換算的。年紀不小，薪水卻很少，想要成家立業，心有餘而力不足。因為沒有爸媽想讓自己的女兒嫁來受苦，而自己的薪水也不足以養活家庭，想到這裡，大大的爸爸又跟大大的媽媽提出分手了。

兩人就這樣分分合合好多次，彼此也有重新找尋過交往對象，但仍舊沒有下文。兩人的關係，不同於情歌裡頭描述的互相意愛，每天你儂我儂。而是比較像天下局勢一樣，分了又合，合了又分，互相蹉跎地過了適婚年齡，卻還是結不了婚。飛入尋常百姓家，柴米油鹽醬醋茶，貧賤夫妻百事哀，流傳千年的話還是有它的道理，麵包跟愛情雖然一樣重要，但沒有麵包吃，愛情也會枯萎。

爸爸工作的貨運行，老闆夫婦已經年紀很大了，膝下有一個兒子，早早就送出國去讀書。老闆夫婦希望兒子學成歸國以後，可以繼承家業，娶妻生子，讓兩老含飴弄孫。懷抱著這樣的念頭，老闆夫婦辛勤的打理著貨運行，也很照顧底下的員工，雖然人情味滿滿，但薪水還是不足以讓員工成家立業。總之，大大的爸爸在工作時，總是聽著老闆夫婦說著自己兒子怎樣怎樣，他們幫兒子準備了什麼什麼，以後要讓兒子這樣那樣。一邊羨慕著，一邊安靜工作，踏踏實實賺著微薄的薪資，雖然睡覺時身邊沒有溫度，但至少問心無愧，也是很好入睡。

大大的爸爸也不是沒有想過要轉換跑道，但沒有漂亮學歷，也沒有一技之長，年紀又一大把了，送貨這個工作，專業性不高，但發展性同樣也不高。或許有人會反駁，送貨就算專業性不高，只要肯花時間，下工夫，也是可以跟經營之神一樣，成就一段賣米傳說啊。但是，仔細想想，雖然賣米傳說對於現在台灣多數中年人來說，是一個耳熟能詳的故事，可是在當時，根本無人知曉啊！所以，送貨這個工作，頂多只是餓不死，卻也存不了錢，沒辦法有什麼夢想，娶老婆跟生小孩，大概是無望了。其他的倒也沒什麼好抱怨的。久了，換工作跟結婚的念頭也漸漸的斷了。現在想想也滿無言的，過了三十年後，當代的台灣年輕人，多數陷入跟他年輕時候一樣的處境，這大概是大大的爸爸沒有想到的吧？

這樣的狀態下，又過了幾年，原本三十好幾也已經可以四捨五入到四十了，大大的爸爸想結婚的念頭，跟上班錯過的公車一樣，越來越遠。越來越近的，只有老闆夫婦的兒子學成歸國的時間。或許，此時大大的爸爸心中唯一想的，可能是老闆兒子回來後，會不會大刀闊斧的改革公司方針，那時候的自己，是不是還能留下來。想著想著，覺得這人生也是有點難過，但日子也就這樣一天天的過去。

可是人生啊，總有一些光怪陸離的事會發生。

很多人說，現在的孩子很難伺候，父母一句「我是為你好」，就被孩子視為情緒勒索，搞得父母不知所措。父母之所以會有這樣的抱怨，大概也是因為，從古至今，幾乎所有的父母都用一樣的方式在安排孩子的未來，只是隨著社會進步，這樣的形式受到挑戰罷了。

老闆夫婦在兒子回來後，堆滿笑臉跟兒子促膝長談，只差沒有當場把房契地契公司經營權狀拿出來，像以前一樣，把孩子最喜歡的玩具、食物、奶嘴等一切可以吸引孩子的東西，放在眼前甩啊甩，好讓孩子往前爬。這招對小朋友可能很有用，但對已經長大的孩子來說，說有多煩就有多煩。原本安靜的屋子裡面傳來吼叫聲，「為什麼你就是不懂我跟你媽的苦心！」「你以為工作有那麼好找嗎？」「你甘願做別人的辛勞也不要做頭家？」等話語穿插著飆出，兒子說了什麼話，沒有人聽見。裡面傳出的，是父母苦心碎滿地的聲音。

過了好一陣子，裡面的聲音漸漸消失了。門一打開，老闆兒子手上拿著行李袋走了出來，打開了車子的後車廂，把行李袋放進去後，轉頭朝著屋子的方向說了：「爸、媽，你們好好想想，這幾天我就先住在旅館。」然後發動引擎，走了。

屋子裡面還是靜悄悄的，大大的爸爸心裡雖然知道，大概是老闆兒子不願繼承家業，所以才導致現在這樣的局面。但說到底，自己也就是名員工，頂多可以算是資深、認真的員工，但也就是員工而已。老闆家的事情，還輪不到自己來插嘴。想到這裡，大大的爸爸又繼續手邊的事物，確認貨物數量，指揮年輕的員工搬上車，準備要去送貨。大家彼此心照不宣，但也沒人多說一句，多說多錯，這句話做人員工還是知道的。

有一天，老闆夫婦找來大大的爸爸。

「阿本啊，你還記得，之前我們有跟你說過，我們夫妻倆已經老了想要退休這件事情嗎？」大大的爸爸點頭作為回答，老闆娘便接著說：「我跟你老闆剛剛參詳過啊，想要問你有沒有意願接下這間公司。」

就這樣，彷彿趕進度一樣，大大的爸爸從老闆夫婦的手中接下了公司。接著，跟大大的媽媽結婚。一年後，大大就出生了。接下來的幾年內，大大的弟弟、妹妹也陸續出生。大大的爸爸，從一名快步入中年的魯蛇大叔，一夕之間，成了公司老闆，娶了交往很久的女友，生了三個孩子，夫妻倆將公司經營起來，買了房也買了車。就這樣，趕上了台灣社會對於這個年紀的人所期待的進度。

這篇傳奇的故事，在大大研究所畢業前，她都不知道。

我以為國中生跟朋友都會去錢櫃

大大的媽媽，阿玉，從小就對孩子的教育相當嚴厲，用現代的術語來說，就是虎媽。

虎媽阿玉對大女兒——也就是大大——教育的嚴苛程度，堪比要訓練未來嫁入皇家的千金。因此，大大從小就被送進私立中學，接受菁英式的教育，結交與父母截然不同的朋友類型。

這就是階級翻身吧？阿玉可能不知道階級翻身是什麼意思，但她心中知道，讓女兒走上這樣的路，對她的將來一定比較好，至少比自己好。這位堅強的女人，在過去和一名不知道能否同自己走向婚姻的魯蛇交往著，不離不棄。在婚後，一邊操持家務，一邊協助公司經營，還肩負起教育兒女的重責大任。如果不夠堅韌，可能沒辦法辦到，但阿玉做到了，她讓她的女兒大大覺得，媽媽一定是個擁有高學歷、智慧異常的女性，才會對子女的教育有那麼明確的目標，甚至能夠系統性的安排子女的教育階段。雖然在這個被完美安排的系統中痛苦的是自己，但仍然不減自己對於媽媽的崇敬。

「小時候，我媽真的超少笑的，她超級嚴肅，每次看到她都會有點怕。」大大補充說明。

除了教育以外，大大從小開口要的東西，只是不要太過分，或是對於求學有害，基本上阿玉跟阿本不會拒絕。所以，在週末假日，大大總是跟朋友一起約著，去吃下午茶，或者是逛街，最常做的，還是去錢櫃唱歌。

「國中的時候，我跟班上同學最常做的事情，就是去錢櫃唱歌。所以我以為，國中生跟朋友的娛樂，就是去錢櫃唱卡拉ＯＫ。」

大大在說這番話時的眼神，就像是說辛拉麵上就是要放起司，滷肉飯就是要配筍絲，那樣的自然，彷彿所有的國中生都會拿到一本青春手冊，在人際關係那一單元，寫著「國中生維持友誼的關鍵，就是去唱卡拉ＯＫ」。

大大跟國中的朋友，三不五時就約在錢櫃唱卡拉ＯＫ，但也有些同學是萬年不赴約的。並不是他們不想唱卡拉ＯＫ，也不是他們認為出入卡拉ＯＫ是涉及聲色場所，是不好的行為。最直接的原因，就是沒錢。

在國中的時候，大大覺得這些同學真掃興，約也約不到，總是用沒有錢可以唱歌來當作拒絕的理由，零用錢不夠，就跟爸媽要啊，唱歌又不需要多少錢。這些同學在班上朋友很少，下課後總是要趕回家裡幫忙，或是去打工。假日也一樣，要約他們出來，比跟喜歡的人告白成功的機率還低。一次約不到，兩次約不到，三次還約不到，再積極的人也會心累。上課時這些同學看起來也很累，課業自然跟不上。下課跟假日又沒有辦法一起玩，久了也就沒有話題，在班上即使不被排擠，也邊緣化了。

「所以，高中以後，很少看到這些同學。後來聽說，他們都考到外面的私立高職，好一點的，或許能念個公立高職，或私立高中。其實，他們也可憐，如果不讀私立國中，可能還會考得比較好，也可以交到更多朋友。勉強來讀私立國中，反而害慘了他們。」大大在國中時，是同情過這些同學的，但也僅止於同情，沒有辦法更進一步思考，為什麼他們不能一起去錢櫃唱卡拉ＯＫ。

研究所時，大大考進了社會學研究所，回想起國中的那群同學，卻豁然開朗了。

「在私立國中，最多的學生是來自於中產階級的家庭。少部分是資產階級家庭，至於弱勢家庭，幾根手指就數得完。這些來自弱勢家庭同學的爸媽，拚命賺錢，省吃儉用地把孩子送進來讀私立中學，就是希望孩子不要像自己一樣，沒有漂亮的學歷，一輩子勤奮努力做人家的勞工，賺的錢就是那麼少，不能讓家裡的人過好日子，身體還累積了一堆病痛，以後可能還會拖累家庭。所以，他們直覺式的認為，只有把孩子送到好的環境學習，遠離自己曾經的教育場域，才能認識更好的人脈，獲得更好的教育機會，未來就能成功。

「可是，他們的爸媽再怎麼拚命賺錢，能夠賺到學費已經很勉強，私立學校常常會舉辦一些自費活動供學生參加，這些同學的爸媽，已經無力再負荷。不只自費活動無法負擔，就連孩子的吃飯錢跟零用錢也是捉襟見肘，更不用說補習或是提供孩子去交際的錢。在這樣的情況下，

在系上團隊合作要交作業時，雖然大大都有參與，但大部分的時間還是放在準備研究所考試，此時大大只要說聲…
沒關係
不急不急
我這禮拜比較沒有空耶…
哇！謝謝大家配合我！
抱歉…我會盡量調整時間。
大大真是又可愛又努力～
哇啊～
打工打工～

這些同學能夠來學校上課，卻無法跟同學有正常的互動。一來是因為他們無力負擔一起出遊的錢，二來是相較之下的自卑感會讓他們築起保護牆。再加上私立學校的教學進程比較快，我們下課後可以去補習，有些同學甚至回家問爸媽就好。這些同學沒錢補習，爸媽也無法教他們。良好的教育環境成為他們的牢籠，經營人際關係更讓他們陷入經濟上的困境。所以啊，讀完國中後，家中多半也負擔不起私立高中的費用。跟不上的學業進度，讓他們進入大考後，能夠考上的學校，不比父母的好到哪裡去，念私立國中還讓家庭陷入困境。到最後，階級，反而又被繼續複製了下去。」

你知道孟母的背景嗎？

在台灣，或者說在全世界，曾經有一本暢銷書，用吃棉花糖的故事來驗證，延遲享受才是達到成功的關鍵。在這個實驗中，我們看到了一群作為實驗體的兒童，在同樣的空間，每個兒童被分配了相同數量的棉花糖，有相同的規則——「在規定時間內，如果沒有吃掉手上的棉花糖，就可以多獲得一倍」——要遵守，最終，我們看到的結論是：先別急著吃棉花糖，就能成為一個成功的人。

這個故事裡面，我們看到了只看到眼前利益就滿足的小朋友，也看到了忍住誘惑終獲得如山棉花糖的小朋友，彷彿看到窮人滿足眼前所得，以及富人延遲享受的對比，兩相比較之下，似乎窮人只重視眼前享受，就是導致他們終究還是會失敗的關鍵。但我們或許忽略了，這些小朋友可能出自不同階級的家庭，他們在成長過程中，對於「食物」取得的數量以及難易程度，是截然不同的。對於出身中產階級以上家庭的小孩而言，今天我不吃掉這顆棉花糖，棉花糖或許還會存在罐子內，而我也並不餓，吃不吃都無所謂，也不一定只有棉花糖可以吃。然而，對於出身貧困弱勢家庭的小孩來說，棉花糖可能是奢侈品，久久難得見一次，錯過了這次，可能會被轉送給他人，或者是沒有再吃到的機會。當棉花糖擺在你眼前時，吃或不吃，可能是膝反射動作。當然，這也是窮人跟富人的差別，只是重點不在自制力，不在是否延遲享受，而是在視野，以及培養這樣的視野所要付出的成本，還有能否取得培養的環境。

對於那些弱勢家庭同學的爸媽來說，他們看到的成功途徑，就是把小孩送到好一點的環境，就像是孟母三遷，最後遷到學校旁邊，故事就結束了。但從來沒有人跟學生說過，孟母是誰，她的出身背景如何。我在想，孟母的出身應該不差，這樣的教育方式在那個女性被壓迫的年代，若是出自於一名農婦，可能是比較難以想像的。

所以，大大同學的父母學習了孟母三遷的精神，卻忽略了孟母遷到

「在規定時間內，如果沒有吃掉手上的棉花糖，就可以多獲得一倍」
最終，我們看到的結論是：先別急著吃棉花糖，就能成為一個成功的人。
要忍耐喔！
哇
…
不管啦！
扔
我開動了！
你、你怎麼吃掉了？
嚼
等等弟弟看到會搶走…
嚼
那妳怎麼不吃？
咦…這不是我喜歡的品牌…
人家喜歡的是草莓口味♥
而且昨天才吃很多棉花糖，比這個好吃多了！
反正之後可以拿到更多嘛？拿去換其他甜點好了！
就算沒有這個棉花糖，我也有其他東西可以吃啊？

學校附近後，孟子看到大家都在上學，他跟得上嗎？如果他的同學下學後都去玩鬥蛐蛐，孟母能給孟子買一隻蛐蛐嗎？答案其實呼之欲出，而這正是窮人視野狹窄所不能看到的地方，也是導致大大那些出身弱勢家庭的同學在學校邊緣、痛苦，最終幾乎是複製了父母階級的主要原因。

因此，以後如果有人跟你說孟母三遷，我們可能要先問他說：「你知道孟母的背景嗎？」

而大大的媽媽，在大大跟弟弟妹妹們完成學業後，完全變了一個人。「妳知道嗎？我媽其實超天真、任性又幼稚的！我真的要被她氣死了，她以前都是裝的。而且，最讓我意外的是，她其實連國小都沒有畢業。」

B到B+

從私立高中畢業後，大大跟其他同學的差距，也自然而然地浮現了。

一些家境較好的同學，出國念大學了。另一些父母教育程度較高的朋友，也承繼父母的腳步，考上台清交成政等知名大學，成為名校的學生。大大考上了私立傳播系所，不算好也不差，未來可以當記者也可以當主播，算是有比較明確職涯發展的科系，虎媽也鬆了一口氣，攻擊目標轉向她的弟弟妹妹。大大本人在剛考上時，也覺得沒有好或不好。

大大是個聰明的孩子，在系上的表現，算是中間偏上。對大大來說，在傳播系所，某種程度上，還滿如魚得水的，即使自己沒那麼用功，也是可以獲得不錯的成績。

「我告訴妳，我在大學領略到了一個道理，就是『可愛無敵』。只要妳夠可愛，就可以比別人付出更少的努力，獲得同樣、甚至更多的回饋。而且，這一招到了我現在的工作，也還是很有用喔。」大大這樣跟我說。

「可愛無敵」，從字面上直接來看，就是長得可愛，就能夠事半功倍。簡單來說，在當代顏值當道的台灣社會，顏值越高，無論是在學校、戀愛關係，或是職場上，甚至在違規場合，都能夠獲得較大的包容、理解，也可以得到更多的便捷管道，以及較好的印象分數。不要小看這些看似微不足道的小優勢，累積起來，甚至可以翻轉人生。這與社會對於性別的刻板印象有關，同樣的道理在許多情境下也被利用著。舉例來說，選舉廣告通常會以女性為主角，那是因為基本來說，女性絕對可以吸引多數男性，長得可愛的女性，也能獲得部分女性的認同與投射。比起用男性當主角，不一定會獲得多數女性的認可，又幾乎不會吸引男性目光的情形來說，兩相比較之下，女性，特別是可愛、顏值高的女性，更容易獲得社會、職場的青睞。也就如同大大所說的，可愛，似乎成為了一項專業技能。

像大大這樣的中產階級孩子，在成長的過程中，背負著爸媽的期待，希望他們可以延續爸媽的階級地位，甚至可以更上層樓。然而，在當代台灣，弱勢階級要翻身，跟中產階級要維持自己的階級地位，難度可以說是相去不遠。過去，有個知名經濟學用語叫作「M型社會」，講的是日本中產階級消失的現況，這個名詞在台灣也急速的流行起來。因為大家確實發現，中產階級似乎消失了。但其實中產階級並沒有消失，只是過去被想像成中產階級的工作，如白領、坐辦公室等，成為了普遍低薪的差事。財富似乎慢慢流向了更上層的富裕階級。這樣的現象，不只是發生在中產階級，連傳統的中下階層，他們的所得，在計入通膨以後，實質可支配所得也正在下降。財富更加高度集中，而低薪化正籠罩在除了富裕階層以外的各個階層的頭頂，特別是年輕人。

然而，傳統對於成功的想像，仍然停留在成家立業，不知道是感知不到或者是不願面對，總之買房置產變得相當困難的事實，似乎仍然能夠輕易被推翻，而被社會輿論論述成「拒絕小確幸，就能買房子」。對我來說，其實也真的很想知道，如果我省下一天一杯五十元的手搖飲料錢，如何在有生之年買下台北市的一間廁所，或者新北市的一間套房。但說真的，我可能連塔位都買不起。對我們這一代來說，生不起，是耳熟能詳的說法。但死不起，可能也是即將面對的問題。但和韓國生老病死都被大集團給統包，集團比媽祖還給力的情況相比，我們還算是比較幸運了。

因此，當大大依循著父母的教養以及心願，逐漸長大成人以後，開始發現父母所鋪的路，或許早生個十幾二十年，可以堪稱為一條邁向成功之路。然而，到了她這個年紀，不要說買房子了，就連找到一個薪水足以在台北有「生活感」的工作，都相當困難。有這樣的危機以後，開始去審視過往的人生，才會發現，不是自己不努力，而是同樣的努力，根本達成不了過去立下的目標。雖然像大大這樣的孩子，或許一路走來不到養尊處優，但也沒有太大的生存危機，以後就算找個四五萬的工作，也還是能勉強維持父母想像中「中產階級」的生活，但這是一個 something wrong 的狀態。因此，一方面在危機感的催化下，大大決定考間前段大學的研究所；一方面，她也選擇了不太能夠有明確生涯導向的人文社會系所。

在大三大四決定要考完全不同領域的系所，是一項重大的抉擇。如何一邊完成原本科系的課程，順利拿到畢業證書；一邊準備研究所考試所需補足的基礎教材知識，對於聰明又努力的大大而言，並非難事。因為，她善用了自己的「可愛」。

大大是在大學二年級後，毅然決然的決定報考研究所。而且，一定要考上名校。

或許是傳播科系讓她提早看到這個社會的真實面——膚淺、虛偽、外表至上，想到自己一旦進入相關領域工作，可能也不太有辦法具有思考能力或是什麼的。但這都只是驅動她的力量之一，真正決定性的因素，是從二〇〇八年陳雲林來台事件後，從學生群裡開始出現的一連串議題性運動。過去，無論是在課本裡或是社會輿論中，台灣總是自豪自己的民主進程，甚至堪為第三世界典範。兩次和平轉移政權，足以奠定台灣成為亞洲的民主標竿。然而，年輕族群卻開始發現事情有點不對，好像民主正在被侵蝕。為何台灣在運動賽事上，必須換成另外一個名義才能參賽。為何台灣對國際醫療有著巨大貢獻，卻連世界衛生組織都沒辦法加入。為何對台灣始終抱有敵意的中國官員來到台灣，台灣主辦的官方單位卻要求國民收起國旗。甚至在學生抗議時，還被打得頭破血流，驅離現場。一連串的事件，逐漸引爆生長於解嚴時代的台灣青年的心靈，於是，從二〇〇八年開始，可以說是繼「野百合學運」後，因陳雲林訪台事件所掀起的「野草莓學生運動」，引發了許多以學生為主體的運動。還有後面因旺旺併購中時中天等，所爆發的「反媒體壟斷運動」，以及以反黑箱服貿為主因所點燃的「三一八學運」等等，讓社會發現，台灣的學生，常常被譏笑因為廣設大學導致七分上大學、在大學玩四年的「當代台灣青年」，原來對於社會的關心，是大到足以走上街頭，甚至影響了當時的政治局勢，引起國際社會的關注。

長相的可愛，並不足以讓這個技能發揮出完全的效果。大大的可愛，是一種散發出正確氛圍、分寸拿捏得宜的狀態。比方在飲料店，大大的可愛必殺技，帶著一種「我知道你們很辛苦要下班了，但我這樣的要求，對你們來說真的不難喔」的情緒在裡面，就會讓人覺得幫一下也無妨。或許是在用詞上，一個語帶保留，滿懷愧疚卻不認為自己真的對不起什麼；另一個則是一臉憔悴，覺得大家都應該體諒我半工半讀的辛苦。兩相比較之下，前者散發出來的可愛，可能就贏過後者可愛的外表背後，帶著一種需要同情的感覺。

而這樣的可愛，在研究所，甚至在職場，都派上了不小的用場。在工作初期，前輩會主動帶著大大去認識應該要有的人脈，減少了磕磕碰碰的新人時期。大大也很努力，讓自己對工作很快就上手。但大大後來也逐漸明白，比起同期進來的同事的跌跌撞撞，自己少了許多阻礙，也證明了除了努力以外，還有更多事情是凌駕於努力之上，卻被視為努力的一部分。

但是，大大同時也受限於來自女性身分的焦慮。在經歷了高階主管因為結婚生子而導致職場升遷停滯後，更讓大大知道，有些事情並未隨著時代變遷而有所改變。同樣的，對於青年的壓迫也更加的細緻化。過去同樣的績效，在調整過績效算法後，彷彿變成趕工遊戲。看似是員工之間的互相競爭，實際上遊戲規則也都是公司早已訂好的。越競爭，越難達成績效，久了，還會錯以為是自己努力不夠。而洞悉這件事情的青年，如同大大，只是徒增無奈，因為個人在社會裡所能施展的手腳，實在是過於受限。最能派上用場、能夠降低自己受阻礙的技能的所謂可愛，也不知道能夠用到幾歲。但管他的，至少可愛這個道具，可以讓大大在邁向未來的道路中，像馬力歐賽車一樣，時常可以找到紅色加速箭頭，來讓自己前進得更快。

可愛，現在還算是無敵！

只想有個平凡的生活

龍山寺，是萬華的信仰中心。萬華以前叫作做艋舺，一府二鹿三艋舺，雖然身為新莊在地子弟的我，會堅決地把新莊插入鹿港跟艋舺的中間，但這並不影響我跟小慈的感情。畢竟名字裡頭都有一個慈，人不親名字親嘛！

我從高中就認識小慈了。

剛認識小慈的時候，只覺得這個女孩好矮，好小隻，但身上好像有源源不絕的能量，一下子參與這個社團活動，一下子又出現在操場打球。總而言之，小慈對我來說，是個有趣的存在。她也常常笑著跟我說，被有趣的人說有趣，真是有趣。反正，我們就是很ㄎㄧㄤ的朋友關係。

小慈對朋友很真誠，也不太善於說謊，在北部算是相當難得的，包括她是媽媽一手拉拔長大的。能夠升學到我們學校，其實多少有點辛苦，畢竟是公立高中，分數也相對高出許多。單親家庭出身的小慈，媽媽又是從事辛苦的公司清潔員工作，想當然耳，她必須比別人更加用功，也更加努力，別讓自己跟媽媽被瞧不起。

在學業上，小慈一直都是個出類拔萃的人，特別是她傑出的外語能力，更是解救了我好幾回。畢竟英文對我來說，就跟外國人聽到台灣人說，「I come from Taiwan」，通常回答「Oh, nice to meet you」後，還會加上「I know, Bangkok, Thailand, it's beautiful」一樣，每個字都好像，縱使它們其實天差地別。但在小慈的口中，英文不只正確流利，甚至會覺得她應該是歸國子女，不然怎麼可以那麼厲害！

但她不是歸國子女，只是單親家庭，由媽媽一手拉拔大的普通女孩而已。

小慈在她拿手的領域表現得相當出色，但她也是一個很喜歡挑戰困難的人。小慈的手腳並沒有那麼協調，簡單來說，就是沒什麼舞蹈天分。但她從小到大的夢想，就是成為一個很會跳街舞的人。我不知道這是不是因為中正萬華區常常有很多人在練街舞所引發的。總之，小慈非常積極的在學跳街舞，但可能真的因為天分不足，所以總是學不太會，終究只是勤能補拙，而無法像她的外文一樣讓人驚艷。大學時，有一次幾個高中朋友受邀去參加小慈的成果發表會，小慈賣力的跳完 Popping 後，喜孜孜的跑到我們面前說：

「怎樣，我跳得如何？進步很多吧？」

我當時腦袋什麼也沒想的回說：「我覺得妳剛剛跳的機械舞超好的，關節什麼的，一頓一頓的，模仿得好像，超強！！」

身旁的朋友把我的嘴摀著說：「阿慈，剛剛的是 Popping！」

但小慈哈哈大笑了一下後，說：「那我應該去學機械舞。」

她就是這樣的女孩！

有時候，我常常在想，小慈是不是只是要證明自己做得到，過程怎樣，她自己知道就好。就像是對許多數學很爛的人來說，高三的機率課，常常都能徹底翻轉劣勢。數學好的，可能一夕之間考不及格。數學差的，可能突然得到將近滿分。說到底，也是一種勤能補拙，公式背不起來，拆開算總可以算出來。至少，我就是這樣，才考了九十幾分的。這是我對小慈的疑問，至今也沒有解開來。畢竟，說別人勤能補拙，某種程度上，好像是在笑她沒天分。

勤能補拙這點，也被小慈用在找尋對象上。

我想，小慈應該就跟一般少男少女一樣，在青春期，對於戀愛總是有些嚮往。有些人天生是好手，有些人天生連手要放在哪都不知道。我跟小慈都是屬於後者，也都是比較女漢子型的人。因此，在我的印象中，高中三年，我沒看到小慈有交過男朋友。大學、研究所，好像也都沒有。

唯一一次聽到跟愛情有關的，是小慈有天興奮的跟我說，她要去遙遠的非洲，找尋她的愛。

我當下真的是傻眼，這跟被假ＦＢＩ騙的台灣女性有何不同？小慈學歷那麼高，思想那麼成熟，怎麼會被騙？於是，我們三五好友聚集起來，比寫自己研究報告還要認真的抽絲剝繭，從過去的對話（是的，只有對話）中找尋蛛絲馬跡，並且強硬的奪下小慈的VISA卡，不讓她刷卡買機票，到遙遠的非洲，去找尋那名「沒看過的」網戀。

後來，小慈委靡了好一陣子，每次見面都病懨懨的，就這樣畢業、就業。也沒聽說她還有其他對象，只知道她進入了出版業，然後又離開了出版業。戀愛之神上次上線的紀錄，好像已經是大學快畢業的時候。後來再聽到小慈有關愛情的消息，是她已經順利的從交友軟體上，認識了現任的男友。這本書付梓之時，他們大概也已經舉辦完婚禮了。

高中畢業後，因為考上了不同大學，我去新竹讀書，小慈留在台北，我們幾乎很少有機會見面，見面的頻率，大概就是一年一兩次，再多也就難了。而且每次見面都是一大群人，也鮮少真正可以促膝長談。但朋友就是這樣，熟不熟自己知道。同事每天都見面，見面時間還超過八小時，但上班是同事，下班不認識的情形也常常出現。朋友久久見一次面，還是能夠直接切入聊天主題，談東談西，快速連接雲端更新資訊。

因此，我知道小慈畢業後，並沒有進入人人稱羨的外商公司或是外貿協會，成為高大上的商務人士，準備來場轟轟烈烈的階級大翻身。相反的，小慈就如同沒落的書香世家出生的小姐一般，矢志發掘艋舺風華，讓更多人認識萬華，振興過去的繁榮。抱持著這樣的使命，以及對人的觀察跟喜愛，小慈投入了編輯行列，這個年年被唱衰，時時被認為是沒落黃昏產業的工作。

編輯這一行，就是標準的高工時低薪資，最消耗年輕人的產業之一。許多人懷抱著理想進入，滿身傷痕出來的比比皆是。對於經濟條件比較有需求的青年而言，通常做沒幾年，滿足自己的夢想後，就會急流勇退，找尋其他更有前景，對薪水跟未來也更有發展的工作。至少老了以後，可以證明自己曾經為夢想勇敢過。

小慈當然也不例外，愛得越深傷得越重，就像是那段無緣的非洲情緣。

做了幾年的編輯產業，手上負責的雜誌越來越多，堅持手寫行事曆的小慈，也不得不從B5大小買到A4大小，從一月一頁，逐漸到一天一頁的內裝，唯一沒改變的，是密密麻麻的字塞滿了大大小小的格子。漸漸的，這些格子裡面，會開始出現不同於工作的行程，像是就醫，或是上一些貴參參的專業課程，為了提升工作能力，也為了累積自己轉職的能量。這些行程，也是小慈存不了更多錢的原因。

我曾經問過小慈，為什麼要選擇編輯這條路。如果只是單純對書有興趣，可以先去外商之類薪資比較高的公司工作，就能有更多的預算，甚至可以買下一整個房間的書啊。如果不是因為想買書，而是喜歡寫文章的話，這更簡單，台灣有超多成功的經理、顧問之類的角色，在平常寫下自己所觀察到的事情，最後成功出版自己的作品，也很不錯啊。像現在這樣，工作和興趣結合，開心歸開心，但付出的時間跟收入相比，CP值很低，賠上健康不說，甚至跟媽媽的感情也每下愈況，感覺得不償失。小慈當時並沒有正面回答我，只說她會想想，但現階段她還是喜歡自己的工作，看著自己編的刊物從零到出版，照著她所規劃的樣子被生產出來，這是她成就感的來源。至於其他的，與媽媽的關係也好，健康也好，甚至是尋覓中的愛情什麼的，她都會繼續努力。

後來，我也就不再問了。

直到某次我跟小慈恰好要一起去看同一場攝影展，是跟西藏有關的。她是因為興趣使然，而我是因為朋友是策展攝影師，所以才去的。在會場咖啡館，吃著她推薦、酸得要命的檸檬塔，配上甜得要命的香料奶茶，很符合攝影主題就是了。那天，小慈主動告訴我，她覺得夠了，作為編輯這個角色，她覺得所產出的東西，因為太忙，因為預算不足，所以品質越來越差，到最後她根本不想承認這是自己編的。所以，她決定辭去工作，成為專職接案者，做更有品質的內容，也開始進行自己一直以來很想做的——書寫萬華。

這場展覽小慈最喜歡的一幅攝影作品，是一張藏人生活用品錯落排放在帳篷角落的照片。小慈指著那幅作品說：「我很喜歡這張照片，充滿著生活感。」

我其實不是很能理解那些陶甕、土碗好在哪裡，但裡面裝著酥油茶，倒是藏人生活的一部分沒錯。所以生活感，好吧，我暫時可以理解。只是生活比生存更難，因此，我想起了一個人，可以讓我的朋友生存下去。

在西門町一間燒肉店裡，我帶著小慈，和當時正準備找尋選舉團隊成員的朋友見面，打算引薦這個艋舺女兒給朋友。這是一間火烤兩吃的燒肉店，每天都有長長的排隊人潮，或許因為生意興隆，所以在這裡的工讀生，就跟舉辦買一送一活動時的星巴克工讀生一樣，連笑都裝不出來。我不要求笑容，我只求每個單上所點的菜品都能順利送到手中。

但幻想很豐滿，現實總是骨感，菜色總是無法順利上完。

朋友要找的是可以處理文宣、編寫、基礎美工編輯的人才，而且，希望是在地人。小慈正巧符合她所有要件，在一來一往的聊天、試探後，很快就敲定了正式約面試的時間。但關乎現實的薪資什麼的，在燒肉店裡不好開口，雖然談錢需要單一隱祕，但我其實是怕朋友一說出薪資待遇，小慈會直接招手叫工讀生，問他們：「燒肉店還有徵人嗎？」畢竟，政治工作，還滿依靠個人對理念可以付出跟忍受的程度，堪稱理念的火坑。而今，我即將把一個很好的人才，也是自己的好友，給推入這樣的火坑了，但我相信，她可以產生屬於自己的絕妙滋味。

火越大，越能炙燒出美味的食物。而我面前燒肉的火坑，火很小，上面能夠跳入的肉片跟菜色，品質也都只能說是差強人意。一片牛五花所滴出來的油，連讓炭火出現「滋～」的聲音也沒辦法。跟我推薦給朋友的小慈相比，小慈簡直是A5和牛等級的夢幻燒肉，放上烤盤就能滋滋作響，稍微撒點鹽更能帶出豐富的滋味。基本上是個上手快、耐操、個性又nice的人。給點方向，就能生出一本豐富的刊物。遇到什麼不如意，還可以自我排解，不怕得憂鬱症。這簡直是高CP值，比這間燒肉店還更超值。

至於選舉工作的酸甜苦辣，我也都先跟小慈打過招呼了。我後來一直在想，到底是什麼原因，讓她最終決定跳入這個火坑。我自己猜想，大概是那句可以「看到不一樣的萬華」吧？我可沒有廣告不實喔！

在那間展覽攝影作品的咖啡館裡，小慈告訴我，她對於深度報導萬華，有著什麼樣的願景和方向。從她告訴我的方向跟規劃中，我覺得會是一篇篇很成熟、很在地、但也很同溫層的文章。我認為小慈可以有更多的切入點，因為她的夢想，是用最在地的角度介紹萬華，那麼，接觸那些她接觸不到的人，也才能有更多有別於他人的生命故事與在地風華。小慈當然不服氣，說她所認識的人，可以接觸到的人，都有自己的生命經驗，也都是老萬華人。這些年來，她為了鋪這條路，參加了大大小小的萬華走闖活動，豐富了自己的不足。

我跟小慈說，那些組織、團體可以接觸到的人，有志於此的人也能接觸到，只要參加活動就行了。像是很多人對於萬華的傳統習俗，只知道青山宮夜巡，年年吸引國內外的民眾湧入萬華參與。但是，除了青山宮夜巡外，萬華其實還有非常多的宮廟，每個神明的生日都不一樣，伴隨的信仰跟里民活動，又呈現了萬華的日常生活。而產業就更有趣了，特別是地方民俗產業的運作以及產業背後的組織架構，這些都不是單純去拜拜就可以看到的，要了解背後運作的邏輯，都是需要特殊方式去接觸的。而最快的方式，就是政治，特別是一場選舉，跟著候選人到各個宮廟參香，參加遶境、神明慶典，拜訪頭人。也可以透過站菜市場知道，每個市場會去買菜的人群，可能截然不同。甚至，還可以知道選區內各個地點的垃圾車時間。當然，選區內對政治有興趣的人，他們的年紀、職業、信仰等組成，以及會有什麼樣的選民服務等，都可以讓人看到不一樣的萬華，這樣的好工作，能不做嗎？

總之，小慈被我的政治語言感動到不行，最後順利的接下這個差事。事後小慈回顧從事選舉工作的那段日子，雖然比想像中的更忙，也覺得我廣告不實。但她真的有達成既定目標，認識以前接觸不到的人，發掘更多在地議題。她告訴我，她以前不知道，一次選舉，萬華能有那麼多地方可以掛看板，而萬華也有很多看板的印刷、懸掛公司。

有次，小慈跟我分享她最近的無奈。小慈告訴我，以前她沒事會抬頭看著街上的房子，有點破敗，但又很有在地特色，她總是想像房子經歷的歲月風華，然後握緊拳頭，告訴自己要好好地記錄下這個故事。做了選舉工作後，她和媽媽以及男友走在街上，三個人抬頭看著一面牆。男友跟小慈分享這面牆很有意境，媽媽則看著禪師傳教看板，默默的跟著念了一下。

「我不敢相信，我看著那面牆，最先看到的是選舉看板啊！我被污染了！」小慈抱著頭崩潰的驚呼著。

宗教戰爭@艋舺民居

也難怪小慈會覺得自己被污染，畢竟從小到大，她對於政治都是不了解的。她也沒有時間了解，光是為了生活，小慈和媽媽都累壞了。小慈是單親家庭出身，長大的過程中，只有媽媽陪伴在自己身邊。然而，從事清潔工作的媽媽，幾乎是早出晚歸，總是拖著未能得到充足休息的身體，清晨天才剛亮就出去工作，接近深夜，又拖著累積更多疲勞的身體回家。在台灣社會，一個女人要養活自己以及一個孩子，比起男人來說，普遍是更加艱難的。同工不同酬的現象，在歐美尚未銷聲匿跡，在台灣更不用說，只是比起亞洲其他國家，台灣略好一點。再加上台灣對於單親家庭的刻板印象，以及社會歧視仍然存在，因此，女性既要受到母職天性的苛責，也要承擔起教養責任。就算是雙薪家庭，女性總要被冠上以愛為名的道德譴責。

就因為如此，從小和媽媽相依為命長大的小慈，很乖巧懂事，走在社會期待的道路上，努力讀書（好險也會讀書），考上公立學校，一路上也是兢兢業業，從來不敢懈怠。小慈的媽媽以女兒的成就為榮，雖然單親，但小慈仍舊在她的教養下恪守本分，甚至有著很好的學業表現。隨著小慈長大，母親的經濟壓力變小，但過去因為工作所累積起來的病痛，也開始侵蝕年邁的自己。因此，小慈的母親越來越希望從小慈身上獲得關心和陪伴。但對小慈來說，現階段的自己，還力有未逮，小慈覺得自己還需要花費更多的心力在論文的寫作以及打工上，才得以減輕媽媽的負擔，以及為自己奠定好將來。行有餘力，小慈也想完成自己的夢想。所以，小慈所能付出的心力跟媽媽所想要的不成正比。隨著日子一天天過去，小慈開始發現有什麼地方不對勁。

小慈家在公寓頂樓，是狹長型的房子。房子的構造是兩房一衛一廳一廚，還有一個小小的陽台，角落只放得下一台小型的洗衣機，但對於兩口之家來說，足夠了。客廳因為是狹長型的關係，打開大門，左手邊是小鞋櫃，右手邊就是電視櫃和電視，電視櫃的前方，有著小茶几以及兩人座的沙發。再往前走一點，在兩間房間和廁所的中間牆壁上，擺著一個小書櫃。而房間連結廚房的通道，靠牆處擺著一個餐桌。

那些忙於寫作論文的日子，小慈發現媽媽在明白小慈暫時無法給予她足夠的情感需求後，開始回復早出晚歸的生活。早早就出門，晚上一回家就躲進房間裡。桌上、廚房的瓦斯爐上，還是會放著為她準備的晚餐，但媽媽人呢？小慈總是沒遇到。

媽媽沒遇到，但家裡倒是多了很多神像。甚至為了神像、雕像，媽媽還花錢請人安裝了玻璃櫃，就在電視旁的牆壁上，所以一進門，有好幾尊神明會用目光迎接，晚上沒開燈時，其實真的滿可怕的。

又過了一陣子，媽媽開始要小慈跟她一起打坐、修行、念經。但小慈因為學業和生活壓力以及論文研究主題的關係，因緣際會接觸了基督教，成了虔誠的教徒。因此，母女從單純的情感需求不平衡，轉變成為以宗教為名的爭吵。西方的宗教戰爭一打就是一百年，而小慈家的宗教

又過了一陣子，媽媽開始要小慈跟她一起打坐、修行、念經。
感恩！
靜心
和我去打坐
NO!!
這是什麼神明啊？
三萬五！三萬七！
貴!!貴!!
還有四萬二！
啥？

戰爭，卻才剛開始，什麼時候結束，沒人知道。小慈和母親的宗教戰爭並未隨著小慈的畢業而有所趨緩。相反地，當小慈畢業後，終於有時間坐下來跟媽媽促膝長談，以及撥出更多時間給母親時，母親卻時常跟著師兄師姐一起去修行、進香，甚至是又請了一尊開過光的神明回家。去小慈家找她玩的時候，小慈指著牆壁那裝潢精美的玻璃櫃說：「我超不爽的，那裡每一尊的價格，都比我一個月賺的還要多！」

這場宗教戰爭打了數年，所花費的軍餉（神像的價格）也從小慈幾個月的薪資，轉變為幾年的薪資。眼看母親越來越失控，小慈開始試圖跟媽媽坐下來溝通，但成效有限，只能像是砲戰一樣，無法完全停戰，只能短暫休兵。出乎小慈意料之外，家裡開打數年的宗教戰爭，因為小慈協助選舉工作的關係，意外的停戰了。

小慈在我的力推之下，進入了政治工作。起初還能夠朝九晚五，後來只能祈求有假日，再後來，只能祈禱睡在自己身側的情人，不要被她拜票聲嚇醒而已。在這樣的情況下，假日拜託男友、媽媽來當志工，也就是順水推舟的事情。剛開始媽媽是不想碰觸政治的，總覺得政治不是很乾淨，好像會被貼上標籤。

後來，幫個一次兩次，反而積極了起來。認識了很多同年齡的志工，也跟服務處的同仁都能夠聊上天。在服務處有很多可以聊天的對象，需要協助的事情，小慈的母親反倒降低了修行以及跟師兄師姐見面的頻率。更重要的，小慈跟我分享她媽媽有次在幫忙摺文宣時，跟服務處的志工阿姨說，以前她不知道小慈在做什麼，只覺得小慈長大了，就想逃離家裡。但現在，和小慈一起打選戰，反而知道小慈沒有變壞，也沒有變冷漠，小慈還是她那個記憶中為了一件事情可以好幾天不吃不睡的小女兒，只是皺眉頭的次數變得有點多。小慈的媽媽從小慈的工作情形裡，看到了小慈的無奈以及成就。現在，小慈和媽媽偶爾還會一起去喝咖啡（因為選舉所而認識的支持者開的），或者是買些艋舺在地新發現的下酒菜（還是支持者開的），在家裡小酌。而小慈也能夠理解媽媽的宗教信仰，只是要媽媽把錢省下來，去買些讓自己可以美美的衣服、化妝品或是保養品。現在，更可以物色丈母娘的小禮服了，畢竟寶貝女兒即將步入禮堂。

小慈說，小時候她看著媽媽，自己一個人辛苦的賺錢，把小孩養大，想吃的、想玩的、想做的，統統都沒辦法做，她覺得很難過。但跟其他父母忙於工作的朋友相比，她的媽媽都會抽出時間關心自己，所以她覺得自己很幸福。媽媽常跟她說，努力讀書，未來可以翻身，賺錢、有好工作，變成像是哪個成功人士一樣。總之，不要跟媽媽一樣苦。但小慈不認為跟媽媽一樣是一種苦。小慈也不想成為什麼成功人士，她只想要有個平凡的生活。而她所謂的平凡生活，就是有個伴，有個可以糊口又可以實踐夢想的工作，有時間陪伴家人，也能夠讓媽媽退休，這樣就好了。

「但我媽現在還是會三不五時起乩一下，要我去考公務員，真是有夠煩！」

窮途之鼠的奶酪夢

小慈離她理想的平凡生活更近了一步，在工作期間，她交了男朋友。小慈跟男友是在交友軟體上認識的，在當代台灣，出國旅行可能比交到男女朋友簡單。出社會後，要能夠認識人，認識一個聊得來、單身，行事風格符合社會想像的人，其實比想像中的難。很多時候，因為生活很緊湊，時間很寶貴，我們疏於給人更多時間去彼此了解，常常一言不合，價值觀有落差，或者是當下的情境不對，就不了了之了。但交友軟體不同，越來越多的交友軟體強調更加深入的認識，或許是想打破交友軟體等同於約砲軟體的傳言，也或許是陰錯陽差，總之，很多交友軟體現在要取得對方更多的資訊，需要過五關斬六將，問題一個接著一個，好像RPG的任務關卡，一個地方答錯了，就只能再見掰掰，走向另外一個結局。

小慈跟男友就是彼此過五關斬六將的組合。在交友軟體上，因為隔著螢幕，想講的話比起面對面，更有機會可以字字斟酌後才打出，自然的，也是給予彼此更多時間去靜下心來了解。而透過頻繁聊天，發現彼此共同的話題跟興趣後，真正約出來見面時，除非真的相差甚遠，不然外表的因素其實會被彼此這些日子的了解給壓低下去，甚至起不了任何影響。我身邊就有好幾對已經步入禮堂的朋友，就是透過交友軟體認識的。小慈的男友，跟小慈在網路上，通過重重的關卡，走了好長一段路才約出來見面。但其實，他們都是艋舺人，兩個人的家更是非常近。

男友的工作是經營店面，但也積極拓展網路商店的業務，所以常常會請益小慈關於文案的撰寫，以及宣傳應該如何進行會更有效率。而小慈也透過男友，吸收了很多跟該產業有關的小知識。不僅如此，小慈男友的店面就在大理街，大理街是早期艋舺的服飾商圈。因為艋舺發展早，加上這裡的交通相當便利，因此，大理街的服飾店面，不單單只是批發成衣，而是從設計打版到製作，都能夠在這裡完成，相當具有競爭力。全盛時期，在這個區域，擁有將近兩千間服飾店面，是相當興盛的。然而，隨著時代變遷以及國外低價服飾的引進，大理街跟艋舺一樣，逐漸沒落。因此聊起艋舺女兒、男兒那種獨特的情懷時，兩人更是能夠說上一整夜，對彼此所具有的使命跟理念，也就都很能了解了。

因為工作的關係，我很常跟小慈約吃消夜或是喝咖啡，逐漸的，我也跟小慈的男友越來越熟。我跟小慈能夠見面的時間，都很零碎，也很臨時。小慈也告訴我，過去她不能理解，為什麼我常常爽約，或是臨時才約。那種時間被切得很破碎的生活型態，如今她也懂了，因此格外珍惜一杯咖啡的時間。而我們最常做的，其實並不是坐在某間咖啡廳裡喝咖啡，或是坐在餐廳裡吃飯。而是在龍山寺的附近，艋舺的公園、大街小巷內，隨意地覓食後，外帶手搖杯，坐在龍山寺對面的公園。那座公園，有許多高高低低的石階，供旅客休息小坐一會。晚上，這裡便會化身為遊民的休息區，或坐或臥，有些人會喝點小酒，有些人會下棋，旁邊的人觀棋。也有些人會對著空氣講話，或者擅自跟往來的路人進行單向互動。

我們常常坐在公園的圓形石盤，喝著外帶的手搖飲料（最低也要微糖，因為生活已經不甜了），聊起我們的工作、理念和不滿，當然更多的是八卦。小慈跟男朋友意外的合拍，無論是對於艋舺風華逝去的惆悵，或者是對於政治型態的見解，偶爾意見不同，卻能彼此欣賞對方的想法。晚上他們的約會行程，很常邀請我一起加入。我講著我在工作上看到的人生百態，以及基於學術訓練、工作和生命經驗的觀察，也聽著小慈分享從編輯界大轉彎到選舉工作產生的不適應到適應，以及她的發現。有時候，也分享著候選人的八卦，或是看到的選民生態。那已經是深秋的晚上，照理說晚上十分涼爽，但我們總是越聊越熱，熱到當我們抬頭轉身一看，旁邊本來靜靜躺著、坐著、臥著，做著自己事情的遊民，不知道什麼時候移動到我們的身旁，裝作若無其事地豎起耳朵，成為我們最忠實的聽眾。當我們發現時，他們又會當作沒事的裝睡、站起來走走，期待我們下次開啟的話題。

總之，不熟悉萬華的人、不熟悉萬華街頭遊民風景的人，自然對這裡心生恐懼與害怕。雖然我們都知道，這樣的恐懼、害怕，看似是刻板印象的歧視的背後，是一股經濟性的因素在推動著。原因很簡單，這裡的居民希望房子可以賣個好價錢。要達到這樣的目的，最好這裡的私娼寮、遊民等一切會讓房子價格下跌的東西，都應該去其他地方，新北、桃園，總之跟社會對於弱勢階級進駐自己家附近的社區，所產生的排斥一樣，都是一種經濟使然的歧視。

我跟小慈兩人的家庭，都屬於工人階級。我們同樣汲汲營營在讀書上，求的就是翻身，讓家人過上好日子，不要跟父母一樣，從事低薪高工時又骯髒的工作，最好就是坐辦公室。很幸運的，在求學過程中，我們都是能夠掌握學習優勢的族群，對於選擇相當稀少的弱勢族群來說，我們恰好擁有不多的選擇下，幾乎可說是翻身的唯一條件，那就是會讀書，算是相對幸運。在成長的過程中，老師、朋友、社會、媒體，無論我們的背景，都跟我們強調「有夢最美，希望相隨」，並且要我們「築夢踏實」。所以，我們從小都懷抱著夢想，很陽春，好像什麼青春喜劇裡面會出現的那種夢想，而且幾乎都是很實際的，比方當老師、當醫生、做生意等等，這種有明確生涯規劃以及樣態，又可以賺到足夠翻身資金的職業，通常就會等同於我們的夢想。在成長的過程中，也鮮少能夠遇見夢想跟職業不等同的描述。這些「夢想職業」，都是我們在長大的過程中，透過父母、親朋好友、報章媒體所歸納出來的。其實我們並不知道，我們只是將固定收入當成一種穩定，進而成為我們的夢想。因為在我們的身邊，多的是工作不穩定，隨時因為家裡狀況而必須自願離職，或者被解僱的族群。未來太遠，頂多想到十六歲高中畢業後，是要繼續上大學，還是要去工作。所謂的夢想，也就是在這之後可能可以做的工作而已。

到了大學，我才發現，原來我們這種想法不叫作夢想，而是一種窮途之鼠的奶酪之夢。對於走到盡頭餓著肚子的老鼠來說，能夠美美的吃上一餐奶酪，就是最大的夢想。而我們跟老鼠一樣，整天為了生活覓食。躲著名為歧視、壓迫、不確定性的大型捕鼠動物，每天只能想著吃掉今天拿回來的食物，再想著明天要去哪裡覓食。曾幾何時能夠知道，那些非我族類，他們擁有的選擇跟眼界，真的大得多了。在大學讀了人社系後，我大概也知道，自己這輩子要成為醫生我看是沒辦法了，這是我第一次在心靈層面轉大人。如果要問起現在的夢想，大概就是希望被別人問起讀什麼系，我回答「社會所」時，不要得到「我也是社會大學的喔，哈哈哈」，諸如此類的答案，就只是如此的卑微。

而我以為，小慈應該比我好一點，未來畢業後，可以憑藉著傑出的外語能力，進入大企業、外商公司，成為一隻不用做著奶酪之夢的城市

到了大學
我才發現
原來我們這種想法不叫做夢想，而是一種窮途之鼠的奶酪之夢。
今天的份！
今天的份！
喀啦
喀啦！
曾幾何時能夠知道，那些非我族類，他們擁有的選擇跟眼界，真的大得多了。
喀啦
我的志願

鼠。但是，小慈告訴我，她從來沒有這樣想過，即使她想要讓母親過上好日子，她都不認為應該要賺大錢。相反地，她對翻身的定義很簡單，就是可以過得幸福就好。

而她所謂的幸福，真的很小說，也很困難。在工作上，她不求高薪聘僱，只求工作能夠讓她有所發揮。因此她做牛做馬，工時特長也不抱怨。真正讓她產生離職心態的原因，是她在這種工作環境，付出再多的心力，在老闆眼裡，呈現的樣子好像只是「無論給我再多的工作，我基於興趣跟理念，都會做好做滿」。於是，比起老闆給她的任務，她可以接下更多 case，幫公司賺進更多的錢。在這種工作環境的壓迫下，小慈逐漸發現，她產出的作品，越來越不符合自己心中的標準。小慈也曾經跟主管討論這件事，但總是被用一種「妳太天真了」的眼神跟語氣拒之門外，最後，她選擇離職改成接案的方式，來讓自己產出符合心中標準的作品。然而，當她真正開始踏入接案這條路時才發現，若要維持心中對於作品的高標準，反而要花費比在公司更多的時間與心力，才能保持在公司的薪資水平。

小慈告訴我，接案人生沒有她想像中的輕鬆，相反地，她每個月都忙翻了。新人接案，價格常常不會太好看，也很常遇到廠商要求媲美高級公關公司，給的待遇卻是學生實習價。當然，因為小慈已經有一定的業界經驗，憑藉著過去的作品，所能夠承接的案子薪資待遇也比較合理。然而，每個專案的主題都不盡相同，事前的資料搜集跟研究，幾乎可以花上她預估的三倍時間。比方之前她接了一個研究米食文化的專案，光是米的種類就有數十種。單純看外觀，米的長短、光澤、種植與處理過程等，就足以讓她成為台灣米的專家。更不用說加上米的歷史、背景，以及相關的簡單網路民調分析。眾多圖表加起來，她的資料就足以出版一本「台灣米怎麼那麼好吃啊！」的科普書了。她付出的時間跟獲得的報酬，差距可能跟江子翠和龍山寺這兩站一樣遠，只是在捷運路線圖看不出來而已。

小慈有從接案生活獲得高於上班人生的成就感嗎？答案肯定是有的！但背後付出的時間、精力，也讓她比起之前更加疲憊，甚至在思考，究竟是否應該為了品質而犧牲更多時間，或者捨棄不必要的生活開支，少接一點案子，讓自己更有充足的時間去利用。在這樣的痛苦過程中，唯一能夠支撐小慈繼續走下去的，就是她的男友，以及她唯一的家人——媽媽。

選舉結束後的下午，我跟小慈在北門圓環旁的一間日式風格手沖咖啡館，一邊吃著甜膩膩的蛋糕，佐著酸苦味十足的手沖咖啡，陽光透過大片的落地窗照射進來，曬得我跟小慈昏昏欲睡。在咖啡館的時間大概兩小時，前一個半小時，我們交流了最近的進展，選舉結束後，小慈辭去了政治工作，正式走向她的接案人生。跟政治工作比起來，她現在的工時也還是很長，但至少時間比較彈性。雖然上午所賺到的薪水，不過就是剛剛桌上的蛋糕跟手沖咖啡而已，但至少有時間可以喝咖啡吃蛋糕。

咖啡館雖然是慵懶日式風格，但也限時兩小時，旁邊多是專注滑手機，甚至開啟直播介紹甜點的漂亮女生，可能是 YouTuber 吧？她們的時薪，不知道是不是可以讓她們買下整盤的蛋糕。但其實她們連眼前的那塊蛋糕都只吃了一口，真是可惜。離開前，小慈將桌子清空後，拿出小鏡子以及化妝包，邊跟我聊天，邊化起妝。我以為小慈等等有工作所以要化妝，小慈搖搖頭，笑著說只是要跟男友約會。即使住在一起，她仍舊想要在比較有空的時候，為情人而著裝和著妝，這樣的氛圍讓她很有生活感。而小慈也正式邀請我參加婚禮，以及詢問是否能夠擔任主持人，我連忙答應。

困擾我們兩個最久的，是要怎麼講他們的認識過程。最後，我們商討出的結論是，艋舺這個地方的信仰中心，就是龍山寺。龍山寺是台灣重要的觀光景點，每年吸引了數十萬的旅客來這裡參拜。國內外的旅客，很多是慕月老之名而來的。龍山寺的月老牽起了一條條的姻緣線。小慈跟男友都是萬華人，龍山寺的月老當然也牽起了他們的紅線，只是，這條紅線比較特別，是台灣引以為傲的網路線。不求嫁妝一牛車，只求能夠一起坐公車。

成功，就是可以每餐兩百元

我做的工作，是很難掌握上下班時間的政治工作。有時候難得在七點以前走人，就會很想去吃個什麼好吃的犒賞自己。

通常，會陪我去的，就是尚恩。

和尚恩一起吃飯，一直都是件紓壓的事情。特別是在過去因為工作壓力，導致腸胃出問題之後。有時候過度進食導致嘔吐，有時候其實點了滿桌卻吃不下，這在他人眼中很荒謬的行為，在尚恩面前我都不用掩飾，我們就是這樣的友誼。

尚恩是個很會吃、也很喜歡吃美食的人。更精確來說，他喜歡吃CP值很高的食物，能夠吃飽，對我們兩個來說，是最重要的事情。能夠吃「好」，則是我們兩個得以證明自己已經跟過去不一樣的關鍵。那種午夜夢迴會被自己的夢驚醒，打開錢包和存摺，現在還可以打開線上銀行的app，確認自己真的有錢可以吃東西，也可以踏進「高級的」單點店，消費得起一塊兩百八十元的蛋糕，喝得起兩百二十元的單品咖啡，吃得起以「貫」計價的握壽司。

這時候，我總會想起尚恩問過我的：「阿慈，你吃過鵝肝壽司嗎？」

在高級的日式料亭裡面，一道破千的懷石料理，擺在尚恩的眼前。尚恩曾經和我一道道詳細簡介過，每一道都是精緻、天然、要價不菲，對於大三的我們、甚至對於現在的我們而言，仍舊是「高級料理」。尚恩從未忘記過當時的情景。

那是他在網路上認識到的一個約會對象，為了能夠開展網路上的約會，尚恩還存錢買了一台照相機。或許是堅持買日本製造，這台相機直到現在，其實還勉強堪用。這台相機也創造了高ＣＰ值——幫尚恩帶來很多約會機會，這可能也託福尚恩長得真的很不錯。還原當時尚恩自己的語氣，那看似帶著小小的驕傲，其實隱含著對自我否定的口吻說：「當時我遇到的約會對象，真的都很有錢，超乎我能夠想像的有錢。」

帶他去吃鵝肝壽司的對象，在知名的電子公司服務。這也不奇怪，畢竟我們讀的是科學園區附近的理工大學，整個學校就像是完全中學一樣，保障的不是升高中或是大學，而是原則上保障畢業即就業，可以去旁邊的科學園區賣肝。許多人從大學一進去後，再離開已經是白髮蒼蒼，身體慘慘，攜家帶眷了。但高收入高社會聲望的工作，仍舊讓人趨之若鶩。就連讀文組的我們，在科學園區能夠找到的行政工作，薪水也高出外面許多。我的大學同學畢業後的起薪，比我在台北念完碩士後的起薪還要高，就知道有多誘人了。文組尚且如此，理工科更不用說了，年薪百萬比比皆是，早個十年，甚至股票利息都可以讓自己買下房子了。

而鵝肝壽司人（姑且讓我這樣稱呼）就是月入數十萬，每週飛國外出差，聽說和歐巴馬吃過飯，年輕時長得很不錯，約會對象一個換一個，錢大把大把撒的富人。尚恩告訴我，第一次約會的時候，鵝肝壽司人就送他一個CHARLES & KEITH的錢包，在當時，我記得我還問尚恩：「CHARLES & KEITH是什麼？」尚恩回答我：「CK，很多有錢人會用的」，我們還互相看著對方驚呼了一下。

是CK啊，有英文名稱的高級貨，和LV或是NIKE一樣呢！

對於二十一歲的尚恩來說，這是個很大的衝擊，他覺得自己瞬間變得很有價值，也認為是大學帶給自己這樣的氣質，才能遇到很多很多這樣的約會對象。雖然鵝肝壽司人因為工作的關係，已經沒了年輕時的美貌，但終究還是有著專屬氣質，一種能夠掌控自己人生的氣質。對於尚恩來說，經濟獨立就是一種傲氣，代表著他可以掌控自己的人生。

第二次約會，他們就去了一間高級料亭。尚恩曾經說過那間料亭的名字，但我記不得了，或許再問一下就會想起來，但當下聽到的時候，閃過心頭的是羨慕和嫉妒，還有不甘心，羨慕和嫉妒的，當然是尚恩得以去吃高級料亭。不甘心的是，如果我長得再漂亮一點，是不是也可以和這樣的人交往，甚至被包養，不用擔心下一餐在哪裡，不用每天辛苦的打工，賺取微薄的薪資，以及為了獎學金努力讀書呢？我和尚恩不同的是，他真心喜歡念書，而我並沒有那麼喜歡讀書，我只是功能性的以知識換取名次，以名次換取獎學金而已。

總之，那是個清幽的料亭。外表相當不起眼，隱身在一般民家裡面。車開到門口，會有泊車小弟幫你把車停好，尚恩才得以看到店家的外觀。石頭鋪設的牆面上，只有小小的門牌，用日文寫著店名，沒有多餘的裝飾。就像是台灣中南部的有錢人，看起來就像是個一般人，但腳上踩的可能是歐美昂貴品牌的拖鞋，身上一件看似不起眼的 POLO 衫或許就要好幾千，褲子上的皮帶，一條就高過基本薪資，我想起曾經陪朋友幫她弟弟買一條皮帶，踏進忠孝復興站綠色的那棟復興館，整棟一樓都在賣高級精品，LV、HERMÈS、Chanel等等，落地的窗面上只寫著他們的品牌英文，沒有多餘裝飾，裡面的商品標價後面都好幾個零。那是我第一次踏進愛馬仕（請容我用中文譯名，我對於英文品牌名真的很不熟），朋友告訴我，這也是她第一次走進台北的愛馬仕，覺得滿不友善的，好像只看外表穿著就決定要不要服務你一樣，很台北氣息。但我不知道哪裡不友善，也不知道什麼是台北氣息，只害怕自己背上的大包包碰髒了這裡的櫥窗，或是碰壞了這邊的商品。朋友挑選東西相當快，比服務人員包裝的速度還快，也比我賺錢的速度還快，一條上面寫著大大H的皮帶，除此之外，什麼都沒有，就這樣被打包帶走。那一條，含稅兩萬八千元，當時的基本薪資，還比這條皮帶少了快一萬。

或許那塊門牌——上面只有用毛筆寫著店名的門牌，也要這個價錢，甚至更高吧？幸好尚恩沒有和我一起被帶著去買皮帶，不然他大概會像我一樣，想開口問那塊門牌的價錢。

被引導進去的，是吧檯的座位。看著經過的一間間和室包廂，安靜異常，尚恩很想知道裡面用餐的都是怎樣的人，或許也是穿著昂貴西裝、洋裝的上流人士吧？希望自己有一天也能從容地坐在裡面，但我們至今仍然做不到，我們離那樣的氣質還有很長的一段路。

在吧檯的座位上，尚恩端正的坐著。這也是鵝肝壽司人喜歡他的原因之一，不只是因為尚恩有著出色的外表，也因為他的氣質乾淨。鵝肝壽司人問尚恩有沒有什麼不吃的，尚恩靜止了片刻，看似在深思自己有什麼不吃的，實際是看不到菜單和價目，讓尚恩多少有點緊張不安。尚恩隨口說了，不喜歡太清淡的食物，鵝肝壽司人笑著說：「可惜了，這裡的食材很新鮮，簡單的蘿蔔、山藥泥點綴，就很好吃了。」然後轉向吧檯和師傅說：「這個孩子的，味道重一點吧，還年輕嘛。」尚恩恨不得割下自己的舌頭，感覺自己好像不小心散發出了貧窮的味道。

每一道料理都超好吃，這是尚恩後來和我說的，那個時候他也只能說出好吃，其他的形容詞也說不太出來。但最好吃的，是鵝肝壽司。

吃到一半的時候，一旁傳來異常的香味。鵝肝壽司人轉頭看了看，問了問師傅後，和尚恩說：「有吃過鵝肝壽司嗎？味道不錯，點一貫試試，還吃得下吧？」

尚恩點點頭，他聽過鵝肝，知道很貴、很好吃。

師傅拿起一片新鮮的鵝肝，切成適當的大小。接著拿出一塊石板，將鵝肝放上，立即竄起奔騰的白煙，並傳來陣陣香味。師傅口中念念有詞，迅速（卻從容）的打開木桶，抓起一小撮高級日本壽司米煮成、拌上壽司醋的白飯，捏成適當大小，放置一旁，隨後轉身將鵝肝翻面……口中念念有詞的是數秒，單面只能炙燒數秒，才能鎖住最多的鮮汁。被烤得深褐色的鵝肝，放在剛剛捏成的壽司米糰上，最後圈上海苔，盛在

「趁熱吃」
鵝肝壽司人只有下這道指令，尚恩也怕自己錯過最佳賞味期限，用手捏起軍艦壽司，放入口中。
咻
趁熱吃
趁熱吃
趁熱吃
趁熱吃
抖
抖
咻
哇啊…
拿太用力了一

另一塊石板上，擺到尚恩面前。

「趁熱吃！」鵝肝壽司人彷彿下了指令，尚恩也怕錯過賞味期限，立即用手捏起壽司，放入口中。只吃過爭鮮迴轉壽司，以為也會是很鬆散，容易掉東掉西的壽司，以至於力道有點過了，捏出了指痕，這是事後尚恩最為懊惱的一點。他告訴我，真正的料亭壽司，是可以優雅、不費力的吃——無論手或口。

鵝肝壽司真真是入口即化。肥美的鵝肝瞬間在舌頭融化，壽司飯吸滿了它的汁液，不僅讓氣味猶存，更傳遞著鵝肝的味道。

「阿慈，鵝肝壽司真的很好吃，不需要任何文化資本和品味，就是好吃。而且，它一貫六百，肯定好吃！」

瀝青味道的特大碗滷肉飯

每個人小時候，應該或多或少，都有想要和哪一個動畫、漫畫或是日劇的人物結婚吧？

日本曾經有一個針對三十代日本女子的投票活動，是關於小時候最想和哪一個動畫／漫畫男主角結婚。投票結果，獲得前幾名的是《玩偶遊戲》的羽山秋人、《惡作劇之吻》的入江直樹，以及《幽遊白書》的藏馬。得獎者都有幾個共通點：聰明、五官精緻、身材細瘦，以及高冷。

第一次看到尚恩，就是這樣的感覺。

我是讀人文社會科學系的，一般來說，是男性佔比較低的科系，加上是理工科大學，總體男女比例懸殊，不過因為是文科，女生還是多於男生。也因此，一開學，長相清秀、斯文，氣質又高冷的尚恩，很快就奪走許多女生的目光——我也不例外。不過，那並不是什麼戀愛的感覺，只是覺得尚恩長得很好看，是我身邊很少看到的類型。但可能是因為學程選修的關係，跟尚恩相處的機會變多了，但也僅止於課堂上。因為當時覺得自己和這個「高級」學校格格不入，每到週五就往台北的家裡跑，錯過了許多「觀察」尚恩的機會。

而尚恩因為太高冷了，加上有興趣的學程也冷門，在一個同學幾乎都是剛從男校、女校被解放出來的學校裡，大家忙著體驗以前被禁止的戀愛、熬夜、夜唱、社團等等活動，久而久之，尚恩便不再是萬眾矚目的焦點，反倒讓我們有更多的聊天機會。真正開始敞開心扉的聊天，要到隔年迎新宿營的晚上，因為一起守夜，才發生的。

或許守夜太無聊了，我們有一搭沒一搭的聊著。一開始是聊到班上的同學，既然已經同窗一年，講八卦，講別人壞話，總是會有源源不絕的話題。尚恩突然問我，知不知道他跟班上的某位同學，高中不只同校，更是同班。我跟他說我不知道，因為他跟那名同學是不同掛的。甚至我們隱隱約約都很討厭那名同學，總覺得他散發出看不起我們的感覺。

他跟那名同學有過一段不愉快的過去。

在高中的時候，總是名列前茅的尚恩，順利的考上這間學校。那時，有另外一個同學也跟他考上同一個系所。那名同學過去成績普普，在最後一年，靠著家教、補習等方式，衝刺成功，跟他一起推甄進來。他們之間其實一點都不熟，但因為考上同一個系所，未來還要相處四年，所以開始有聊天的機會。有天，那名同學的爸媽邀請尚恩一起去吃飯，就選在家裡附近的飯店吃 Buffet，在餐桌上，同學的爸媽仔細地詢問尚恩父母的職業、收入、平常都做什麼、家中的狀況等等，在快結束的時候，同學的爸媽跟尚恩說：「你一定很努力，才能跟我們家哥哥一樣考上這間好學校，祝你成功嘍。對了，這麼高級的 Buffet，我猜你以前應該沒吃過吧？要多吃一點喔。」

跟該名男同學不愉快的過去說完了，但這只是其中一樣，尚恩接著開始說起自己的故事。如果這時候是電影場景的一部分，語末，大銀幕前應該會傳來啜泣聲吧？只是這終究不是電影情節，而是真實生活，只是當時的我們都沒有流淚。在成長過程中，我們身邊有更多比悲傷還要悲傷的故事在發生著，我們何其幸運，怎麼可能會悲傷。直到上了大學，從課本讀到我們所遭受的，其實是一種名為「社會建構的不公不義」，才突然悲從中來。也才知道，原來，我們可以叫苦。但在此同時，我們也清楚的明白，我們的腳步不能停下來了。曾經以為上了大學就ＯＫ了，那是我們當時所能做的最長遠的規劃，就是長大，因為長大就等於可以有好生活。但透過教育上了好學校才知道，要想有好生活，除了長大還要努力，因為有一句話是這樣說的，「有錢、有資質的人都在努力，你憑什麼休息」，這句話沒有告訴我們的是，有條件的人就算暫時休息也沒關係，他們再出發的起跑點，我們可能跑十年也追不上。

尚恩的高冷其實是一種陰鬱，這種陰鬱，來自於相當多的層面，有心靈上也有身體上。尚恩之所以鮮少和系上同學一起吃飯，是因為不想被別人發現，他出身貧困的工人家庭。系上女同學，自助餐只夾三十元左右的菜，飯也只吃半碗就吃不下了，那樣的搭配可以用減肥帶過去，但發生在生理男性的尚恩身上，除了貧窮，什麼都說不過去。那一晚揭露彼此後，我們常常約一起吃飯。菜夾一點點，飯卻一定點最大碗的，淋上一旁附贈的滷汁，即使沒有任何肉塊，純粹滷汁也能吃個飽肚。尚恩最窮的時候，曾經請我點兩碗飯，他就只吃淋滷汁的飯，是我硬塞給他一些配菜和肉。尚恩本來是不吃的，因為自尊心不允許，倒是我這個打從國中就吃愛心便當、秉持有得吃最重要的人，早就已經沒有這樣的尊嚴，只好用吃不下的名義，請尚恩「幫忙吃」，他才勉強接受。

學校餐廳有兩間，一間在教室門口附近，聘用身心障礙的孩子做料理，口味偏清淡，主要客群是老師，一客餐點一百多塊，或許負擔得起的同學不少，但對我和尚恩來說還是貴了。像我們這樣的人，在學校佔比應該不到一成吧？從助學貸款的申請時間、人數可見一斑。所以我們只在偶爾非常非常饞或特價的時候，才會去買一塊十五元的手工餅乾（但真的滿大塊的）當點心，但也是偶爾、偶爾。

另一間餐廳，則是我們的心頭好，主打的就是便宜、量多，一枚五十元銅板就能吃飽，對於食量正大的我們來說，撐到晚上不成問題。缺點就是不好吃，真的不好吃，所以很多同學會叫外送，或是大老遠的下山去吃。我們和餐廳阿姨感情很好，可能是兩人不太會抱怨，又總是吃得一臉滿足，讓阿姨印象特別深刻，常常會幫我們加飯。

我們兩個最常點的是滷肉飯，特大碗。特大碗的滷肉飯不宜用碗裝，適合用盤子，用學校自助餐特有的白色大盤子。阿姨用飯匙盛起一坨坨白飯，堆疊在盤子上，看得到阿姨手腕彎曲的角度，就知道那坨飯有多沈。堆得高高的白飯像一座山，接著，阿姨打開滷肉鐵桶，用快炒店會有的湯勺撈起滷汁，一勺、兩勺、三勺，淋上白飯。

「同學，你們一人三十五元，旁邊的湯也可以喝。」阿姨面帶笑容說。

純白的白飯淋上黑色肉汁，就像富士山噴發出岩漿，只剩下靠近底部看得見白飯。我們通常很早就去吃午餐，因為這時候湯裡還充滿各式各樣的菜，昨天自助餐剩下來的食材，加上豆腐和番茄，但作為免費供應的湯，算是相當佛心了。用湯碗盛起滿滿的湯料，第一碗不撈湯，只撈料，反正等一下都會只剩湯，更何況湯的味道會更凸顯剩菜的五味雜陳，不喝也罷。滿滿的湯料，是我們的配菜，多出來的十五元，還可以喝杯飲料，幸福得像天堂。當然，這麼便宜的滷肉飯，味道真的不怎麼樣。那黑黝黝的滷汁，幾乎毫無滷肉的香味，死鹹死鹹的，如果岩漿有味道，應該也是跟這個相去不遠。但沒什麼好抱怨了，有肉、有菜、有飯，基本營養是有了，也就不苛求了。直到現在，我們有時候還會想起那樣的滷肉飯，尚恩總是露出嫌棄的表情說：「那個滷肉飯就像鋪路的瀝青一樣，是沒有人要的東西。」

尚恩小時候家裡很窮。爸爸高職畢業，媽媽國中畢業，客家農村出身，後來搬到三重。爸爸曾經在砂石場工作，因為循規蹈矩，從零工變成固定上下班的工人，也被傳授了開堆高機的技巧，儘管沒有執照，在當時不甚嚴法的時代，還是因此賺取了高薪，月入十數萬，只是沒有正式的聘雇關係，也沒有勞健保（當時還沒有健保）等保障。但一天工作

我、我
不行了！
來
加油！只
剩一點了！
這、這個
景色是…
耶
終於
登上了！
哇
滷肉飯山！
怎麼樣？
果然不
好吃…
呼
但是好飽。

十幾個小時，縱使身體是鐵打的也受不了，因此終究還是離職了。後來舉家搬到太太的姐姐家。阿姨家開工廠，生活富裕。尚恩一家住阿姨家三樓，平日爸媽就在一樓的工廠工作，姐姐上幼稚園，尚恩常常一個人在家。

尚恩形容二樓阿姨家有著高級裝潢、高級沙發、電視、大理石地板，尚恩家則有一大半是工廠的倉庫，鎮日黑漆漆。倉庫深處有一道門，打開門就是尚恩的家。水泥地板，不小心跌倒，還會擦出深淺不一的血痕，尚恩不太記得其他還有什麼，印象最深刻的是一台電視，一直陪伴他的電視。他是看HBO長大的孩子，從小就嚮往國外，尤其是歐美。

尚恩不到五歲，還沒辦法去幼稚園，常常一個人孤零零的醒來，等著媽媽中午上樓來餵自己吃飯。孤單並不讓他覺得害怕，倒是黑漆漆的門外，才是令人膽戰心驚，每每都要鼓起勇氣，才能抬起小腿，睜一隻眼閉一隻眼衝過去，跑到一樓找媽媽。工廠裡其實也危險，畢竟還是小孩，尚恩難免調皮，媽媽為了安全，用繩子綁住他，除非想上廁所，否則他的移動範圍就像被鏈子鏈住的狗一樣。以至於長大後，尚恩看到被鏈的狗狗都會心生不忍。

不過，小孩子的調皮卻成了父親宣泄情緒的藉口。尚恩小時候常常在睡夢中被爸爸打醒，被訓斥連自己都不知道的錯，然後滿身是傷的再睡去，再孤單的醒來，日復一日。

「我爸是個很喜歡彰顯父長權威的人，總在親戚聚會時，炫耀自己的孩子不需要吃早餐，我覺得很丟臉。」

尚恩即將上幼稚園時，他們搬離了阿姨家。尚恩很高興，縱使因為高興而被打一頓，還是很開心不用寄人籬下了。

剛認識的尚恩，總是喜怒不形於色，原來源自於他的家庭、父母。尚恩告訴我，他的爸媽不喜歡小孩哭，也不喜歡他們笑，總之，就是不許有情緒。從小只要一哭，爸爸就會讀秒，秒數讀完，就必須露出笑臉，否則就是一陣狠打。而當尚恩和姐姐開心地笑，爸爸總說：「不要在那裡ㄑㄧㄡㄧㄝㄧㄝ！」（客家語形容笑的負面語彙。）

於是，他們關閉了情緒，尚恩的臉上，永遠只有五官，漂亮的五官。

長得像女生　我很自卑

尚恩真的很漂亮，皮膚白皙，鼻梁高挺，濃密整齊的眉毛，一雙眼睛眨著長睫毛，若硬要挑出缺點，就是嘴唇太薄了點，而且因為營養不良，長期顯得蒼白。尚恩從小就長得像女生。聽說女身男相和男身女相，都會是外表出眾的人，但在欠缺性別平等教育的中小學，這類人通常只會成了被欺負的對象。尚恩回想成長過程，不只貧窮的境遇不堪回首，更多是因為長相所帶來的身心靈傷害。

這樣的長相從來沒為他帶來什麼好處。不是被笑娘娘腔，就是被攻擊性器官，導致尚恩對於生理男性有一定的恐懼。

尚恩中學的時候，補習班有一個很帥的老師，很多學生都喜歡他，尚恩也不例外。尚恩也明顯知道，這名老師對自己有著異樣的好感，一種帶著性欲的好感，尚恩長大後才明白，那樣的動作和神情，是一種侵略、一種關注，和一種壓迫。所以，尚恩一方面享受有權者給予的特別待遇，一方面更加厭惡自己。

「老師幾乎都穿著白色短袖襯衫，寫黑板時，抬高的手臂露出黑黑的腋毛，很成熟，很有威嚴，我看著只想趕快長大，像他一樣，這樣我就不會被欺負了。」

尚恩遲遲沒有長出那樣的腋毛。

老師的特別待遇，不僅讓尚恩陷入困境，也讓他對姐姐的感情益形惡劣。姐姐讀私立國中，可以直升的那種完全中學。爸爸媽媽認為，只要進私立國中就能夠觸及有錢人的世界，未來就能變有錢，所以窮盡所有把女兒送入私立國中。但也只能讓女兒讀私立國中。

單單讀私立國中就已經耗盡家中資源，更遑論給女兒零用錢，讓她可以和同學出去玩。就像大大說的，貧困的孩子在這類學校極為格格不入，因為父母沒有辦法給予足夠的資源讓他們經營人脈，也沒辦法讓他們有資本學習上流社會的價值觀。學校作為社會的前驅，上流學校就是上流社會的縮影，原本就學的孩子學習著如何當個上流人，貧困的孩子卻從中提早知道自己的無力和無奈，進而自暴自棄的人比比皆是。尚恩的姐姐也不例外，她總是先預設立場，總是說「這個我做不到」，或「你看，我果然考不上吧？好險我沒有太努力，不然就虧大了」。尚恩知道這是一種自我驗證，但他不願給予姐姐更多的同情。

尚恩說到姐姐總是沒什麼好話，縱使在大學讀了心理學、兒童發展，也對於女性主義有一定的涉獵，甚至性別方面也很通透，可一旦形容起姐姐仍然極其負面。或許，尚恩不滿的是，姐姐掠奪了所有資源卻不努力。其實，尚恩沒辦法像姐姐一樣讀高級私立中學，心中一直憤恨不平。他從小就很聰明，很會讀書，也喜歡讀書，卻因為家裡貧窮，只得上公立中學，不只斷了晉升上流社會之路，也讓他在國中因為外型備受欺凌，所以他很不甘心。

回想起來，國中生活唯一讓他念念不忘的只有兩件事情。

第一件，有次段考，常常名列前茅的他被老師叫去辦公室，因為自然科有道題目，全校只有兩個人答錯，其中一個就是他，另一個則是公認的笨蛋。那是一道是非題，題目是：「地球繞著太陽轉，月亮繞著太陽轉，〇或╳？」

老師說這題很簡單，地球繞著太陽轉，月球繞著地球轉，不能理解為何尚恩會答錯。

尚恩則回答說：「月亮繞著地球轉，地球繞著太陽轉，所以月球也會繞著太陽轉啊，只是路線不太一樣。」

進了高中後，就讀資優班的尚恩也把同樣個性發揮得淋漓盡致，課輔時也讓老師修正了一道題目的標準答案，逆轉了全校成績。

這兩件事對尚恩的影響非常大，最重要的是，當時老師沒有擺出一副「我是老師，我是對的」的態度，否則可能引發父親以威權壓迫孩子的印象，最終讓他退卻，但這兩位老師都沒有，對他來說，兩位老師的認可，讓他知道努力是有價值的。

尚恩高中讀的是外縣市的第一志願，在前往住校的路上，爸爸一貫的自顧自的演講，他要尚恩努力讀書，以後考上公務員，娶個老婆安穩度日……尚恩看著車窗外一幕幕黑壓壓的田地，心裡唯一的念頭是「我一定要離開這個鬼地方」。

尚恩確實比別人都努力，數學不好，他就每天早上五點起來念數學；他知道英文很重要，英文好可以讓他離開苗栗，甚至離開台灣，踏上小時候在HBO上看到的歐美國家，所以他必須擅長英文。他採用補習班老師指示的最劇烈做法，每天背兩百個單字，隔天複習昨天背的單字，再背新的兩百個單字，直到背完整本必備單字，前後僅花了一個月。這樣一來，不僅讓他在校名列前茅，最後更如願考上前三志願的大學。

「同一條快速道路，只是這次是離開苗栗，路邊的風景都不一樣了。」

成功，就是每餐可以有兩百元預算

上了大學，依舊苦哈哈的尚恩也憧憬著戀愛。他拚命打工，存了錢，除了餵飽肚子，還買了台相機。有了相機，才有照片，才能上網交友。而這台相機也確實厲害，或者說尚恩的長相真的無敵，所以，他很快就找到對象了。而且，一個比一個有錢。

第一個對象，用現在的說法來形容，就是個甘蔗人，簡稱渣。

在交往的時候，因為年紀很小，尚恩只覺得痛苦，但不能明白為什麼。等到尚恩畢業後進入社福機構，專門輔導家暴相關的單位。某一天，他終於明白自己過去為什麼那麼容易遇人不淑。因為他一直自卑自己長相像女生，而這樣的自卑是危險的，容易吸引到利用他自卑感的人，予取予求，連分手都顯得是尚恩的錯，讓他重複在沒有道理的反省中，累積心靈的疾病。

第二個交往的對象，是個有錢的工程師。

這位工程師對尚恩很好，會帶尚恩吃高級料理、住高級飯店、出國玩，甚至幫尚恩張羅高薪的打工機會。但尚恩並不喜歡這名工程師，只享受著被工程師喜歡的感覺，因為這讓尚恩覺得自己有價值。有一次，工程師和尚恩說，畢業後不用工作，就搬來跟自己住吧！自己可以負擔兩個人的開銷，尚恩只要在家裡等著自己回家就好，剩下的時間可以快快樂樂地玩耍著。

不料，這句話讓尚恩反胃，當下決定離開這個工程師。

過去，尚恩在控制狂的父母手中長大，而今，又有另外一個人企圖要控制他的未來。他怎麼甘心？這不就像被豢養的鳥，只不過從一個小籠子移動到另一個富麗堂皇的金色大籠子而已，但終究還是籠子，就像小時候綁著自己的繩子，他的身心靈再次崩潰。不過，再度走進學校諮商中心的同時，他仍舊上網交友，繼續由被愛的感覺中證明自己的價值。

那位和歐巴馬吃過飯的鵝肝壽司人也是如此。一貫六百元的鵝肝壽司，尚恩說他現在已經點得起，更遑論 Buffet 什麼的了。在吃下那些料理的時候，他心裡唯一想著的是，我要變得和他們一樣，我一定可以的！

但成功終究沒那麼容易，尤其在這個年代，又讀了社會學，對於未來總是茫然一片。彷彿讀書不只無法讓我們翻身，甚至可能因為我們「選錯科系」，而陷自身於險境之中。因此，大三時，尚恩提筆寫信給

尚恩的長相
非常美麗
所以，他很快地
就交到男朋友了。
第二個交往的
對象，是個有
錢的工程師。
我想帶你吃
高級料理
出國去玩
住高級飯店
也會幫你找
高薪的打工
你畢業之後
不需要工作
住在我的房子裡，
做自己喜歡的事
等我回家就好。

社會學的老師，直接問說：「我們讀社會學到底有什麼用？」

我很佩服尚恩的勇氣，也或許是我從來沒有這樣的疑問，我認為社會學讓我轉大人，我轉得很快也很感激。但尚恩告訴我，他從來沒有讀懂文本，因為他真的不懂，文本到底在寫些什麼。但我很慶幸他沒有讀懂，至少在那個時候沒有讀懂，不然他應該也會很痛苦。

老師回了一封情意懇切的信，內容的細節什麼的，尚恩忘了，信也沒留著。之後，當他開始讀得懂文本，升了碩士，出了社會，才終於漸漸領悟了老師信中的醍醐味。老師在信上和尚恩說，社會學帶給人的是一種清明，對事物的洞察，明白社會運行的規則。它是一把雙面刃，對於窮人來說，最痛苦的不是思考下一餐在哪裡，而是不小心知道自己為什麼貧窮，卻無力改變、撼動這個社會結構，只能坐視自己的貧窮，不斷怨天尤人，而一旦踏上努力的路程，又只能跑、跑、跑，末日狂奔的跑，沒有中繼站的跑。

尚恩形容這種感覺，就像後面的地板不斷塌落，唯有眼前那道光是我們的目標。我們努力地跑，沒時間休息，沒時間思考，我們什麼都沒有，有的只是一個清楚的認知「停下來就得死」。只有在存款稍稍有所增加時，我們會給自己一點點款待，一點點放縱，用最少的預算出國、出遊，然後回來繼續跑，不敢有所中斷。

但這樣跑是會出事的，碩士班的時候，尚恩罹患了慢性肝炎，差點終結他的未來想望。原本一直都還在心理諮商的尚恩，突然意識到過去太過於苛求自己，對自己不好，無理的燃燒自己，才會導致這樣的情形，於是憂鬱傾向就這樣好了。他開始認真的對待自己，對於他人有意無意的情緒勒索或是道德束縛，絕對置之不理。雖然有點走火入魔，但經過一番清理，他重新走上追逐成功的道路。

結束社福工作後，尚恩努力進入了外商公司，既有高就的光環，薪水也足以讓自己過上「每餐預算兩百元」的生活。經濟終於獨立的尚恩，可以對等的和父母來往了，還同時有了穩定的關係。由於對象年紀比較小，讓尚恩和過去受資助的狀態不同，成了可以負擔「多數」餐費、旅遊費的角色，因此奠定了他的自信。不過，他也會要求對象負擔一點費用，因為不希望對方有被豢養的感覺。

現在，我們住得很近，常常會臨時約吃飯，或吃Buffet，滿足我們對於成功的想像。我問尚恩，他已經達成「每餐預算兩百元」的生活，下一步要往哪裡走？尚恩告訴我，過去他只想得到三個月後的事情，現在受限於人生經驗，同樣也沒辦法想太遠。但他一直還是有個終極目標，不只要離開苗栗，甚至要離開台灣，到國外工作。我問尚恩，那他的對象怎麼辦？尚恩一改剛剛的嘻笑，淡淡地說：「我如果為了他留下來，我會恨他，然後恨我自己，所以，我不會因此停下腳步。」

我也希望被照顧

跟阿文熟悉起來，是因為他的新工作就在我家附近。恆久以來，對上班族來說，最大的問題，不是幾號發薪水，因為只要快吃土，就知道發薪日應該在一週內。也不是能否準時上下班，因為準時上班是應該，準時下班是神蹟。最大的問題，就是午餐吃什麼。這是承先啟後的一餐，所以格外重要，也特別令人苦惱。剛到一個陌生的城市，為了解決午餐吃什麼，又不想踩到雷，問在地朋友是最好的解決之道。所以，阿文跟我，藉由午餐要吃什麼這個問題，變得越來越熟了。

以前，雖然跟阿文在同一間公司，但沒什麼交集，只有一些鄉野傳說。傳說是這樣的，阿文很會寫文章，碩班畢業前得了個國家級的大獎，前陣子，那篇文章也改編成電視劇，真的很厲害。再加上一個口耳相傳的傳說，聽說阿文很會煮飯，而且吃阿文煮的飯，會有一種回家的感覺，黯然銷魂飯還要加洋蔥，才能讓人落淚，阿文的料理則是聞者開心，吃者落淚，令人感動的那種。但就僅止於此，沒什麼認識。

直到後來，跟阿文慢慢熟了以後，有一次受邀到朋友家裡聚餐，朋友特別註明，大廚是阿文，而我這個名額得來不易，務必出席，我才有機會品嘗到阿文的料理。小小的方桌上，擺滿了阿文的手作料理。因為阿文是客家人，所以特別擅長客家料理。撲鼻而來的是客家鹹豬肉的酸鹹醬味，一掃外面梅雨季的濕悶。這是阿文前幾天到家裡附近的傳統市場，親自買來的五花肉，並且用上自己從母親手中學來的醃料技巧，親手醃製。旁邊的薑絲大腸，更顯現出阿文的細心。早上買來的大腸，細細處理，加上切成細條的薑絲以及大量的醋汁勾芡，讓整個客廳瀰漫著開胃的酸味。其餘的像是客家小炒，以及白斬雞跟桔醬，都讓人食指大動。阿文還跟我們致歉，因為他的廚藝不精且時間不夠，沒辦法自己處理白斬雞，只能買現成的，只是桔醬是自己做的，希望大家會喜歡。語畢，還露出抱歉的微笑。我拿著筷子，拍拍他的肩膀，跟他說：

「孩子，拿起菜刀，立地成佛。不要在公部門這個爛產業賣命了，去賣吃的吧！」

難怪大家對阿文的菜如此推崇，因為阿文的菜不只美味，更能感受到阿文的料理背後，那對於大家滿滿的照顧。邀請我的朋友喜歡吃酸，越酸越好，所以阿文煮了薑絲大腸。我喜歡吃肉，也曾經跟阿文說過，已經過世的社會學老師，曾經帶我去吃了白斬雞，那時候的桔醬我念念不忘，阿文也沒有忘記。所以大家都很喜歡吃阿文煮的料理，出門在外，總是希望被多照顧一點，而阿文向來不會讓人失望。

不只是會照顧人，重點是，他還很會說故事。

說故事的人

行銷學裡面有一種手法，叫作故事行銷。藉由故事引發人們對於未來的期待，所謂的故事說得好，產品就賣到老。不只是在行銷產業，甚至在高科技產業，也開始慢慢採用這種行銷模式。當然，選舉產業更是不例外。一個打動人心的故事，不只可以賣產品，還可以賣掉一個城市，甚至有可能賣掉一個國家。

阿文是個很會說故事的人，他賣的產品比較特別，是候選人。當然，以阿文的個性跟理念，短期之內應該是不會賣掉自己的國家啦！阿文常常可以把一個無聊的故事，或者是一個在跑行程中遇到的無聊事情，講得非常動人。例如有一次阿文在臉書上，寫下他陪候選人去掃街拜票時，所發生的老婦人玉米事件：

「那是一個滿臉皺紋、白髮也爬滿整頭、駝著背一步一停頓走過來的阿婆。她一手拿著充當拐杖的雨傘，一手抱著一袋玉米，剛煮好的，還冒著煙。她擠在人群中，等著跟候選人握手。終於，跟候選人握到手了。阿婆非常激動地把拐杖跟玉米分別掛在兩手的手腕上，雙手握著候選人的手，跟他說：『小夥子，加油，我們客家莊的未來就靠你了』，然後把玉米拿給候選人。候選人抱了抱阿婆，轉過頭跟我說：『阿文，來把玉米拿去，我等等要吃喔』，便繼續握下一雙手。阿婆拿玉米給我，也握了握我的手。抱著玉米的手很熱，也很香，感覺真的很溫暖。那個溫暖，讓我眼眶當場泛紅！

『我們打拚那麼久，不就是為了讓他們開心嗎？』

手心的溫暖還在，支持著我繼續跑下去。因為還有下一個行程，我把玉米交給另外一個同仁，然後跟著候選人換場子。

我還感動於剛剛的玉米阿婆，這個感動，卻被候選人一秒給毀了！！

在移動到下一個行程的車內，候選人轉頭跟我說：『阿文，玉米呢？我要吃。』

我真的很傻眼！！我以為候選人只是說說而已，便把玉米交給其他人帶回去了。候選人聽到玉米已經轉給其他人後，真的有點不爽，只好念了我幾句。可能因為我把頭低下來，讓候選人覺得自己為了玉米生氣好像很沒有度量，所以就拍拍我的肩膀安慰我沒關係。

但其實，我並沒有傷心，只是低頭用舌尖檢查是不是有玉米屑卡在牙縫，因為那個玉米真的太好吃了，剛剛在行程中，我已經偷吃了一根。

哎，對不起嘍，老闆^.<。」

這篇臉書文章，吸引了超多朋友在下面留言。而那根玉米的味道，成了我人生幾大遺憾的美食之一。玉米是否真的那麼好吃？我不知道，但在阿文的故事中，玉米就是人間美味，而我們所有人都沈浸在阿文的故事中，當然也會覺得玉米就是人間珍饈。

阿文就是可以把一件無聊的事情講得很有故事張力，令人一直想聽下去。上一個讓我有這樣感覺的，其實是我媽。

小時候，媽媽常常會帶著我們四個小孩，坐計程車去醫院或是拜訪親戚。雖然我們是小孩，但每個人都在姑姑的餵養下，體型等同於青少年，所以坐在後座上，總是很擠很擠。媽媽一個人坐在副駕駛座，跟司機報完我們要去的路後，就開啟了真情對話。

真的是真情對話，無論車程是十分鐘，或是半小時，媽媽總是可以聲淚俱下的述說她自己與身邊所有人事物的故事。時間短一點，就從我們要去的目的地推回來。如果是去醫院，就會說到我弟弟生病的故事。如果是去親戚家，就會說起妯娌之間的問題。車程長一點的話，就可以從少女時代獨身一人到台北打拚說起。常常讓計程車司機動容，一邊從後照鏡看著我們四個（壯碩的）孩子，一邊誇讚我媽真的很辛苦，也把我們養得很好。下車時，很多時候會打一點折扣，這應該就是故事的力量吧！有時候，不小心搭到同一個司機的車，司機還會催促我媽媽把故事說下去，也會持續打折扣。這就是故事力吧！

我媽講的故事真的很好聽，有時候連我都會沈浸其中，聽得欲罷不能，甚至會希望司機開慢一點，讓媽媽把故事講完。但這樣計程車費會爆炸，真是令人兩難。也是曾經有發生過司機問了媽媽趕不趕時間，然後把車暫停在路邊，把故事聽完。情到深處還會流淚，兩個人惺惺相惜。長大後接觸到行銷的故事力教學時，都覺得那個時候我媽如果去賣保險或是什麼產品，一定可以大富大貴！

我曾經問我媽，為什麼想要跟別人講故事。

小時候，媽媽常常會帶著我們四個小孩，坐計程車去醫院或是拜訪親戚。
司機大哥我跟你說⋯
結果
果然
後來
不行啊⋯理所當然
想來想去也只能夠這樣
⋯⋯⋯
真的假的？
哇⋯
後來咧
哇⋯媽說的故事也太精彩了吧？
等等⋯
咦咦咦！
主角好像就是我啊！

媽媽回我說：「我很喜歡聽別人說故事，我也喜歡跟別人說自己的故事，這樣可以互相漏氣求進步啦！」

在社會學領域有一本重要的書，叫作《我當黑幫老大的一天》，這是社會學田野研究的經典著作之一，在讀博士的作者，為了研究都會區貧民窟的生態，本來只是想做問卷，卻誤打誤撞進入了貧民窟，還認識了黑幫老大，體會了底層生活，更在黑幫老大的允許下，當了一天黑幫老大。這個研究讓更多人了解芝加哥貧民窟的生態，以及黑幫的運作模式，告訴讀者這群住在都會區貧民窟的底層居民，他們的無奈和動彈不得。更重要的，書中精彩的描述了許多關於底層人民的故事。

在課堂上，討論完這本書之後，社會學的教授問班上所有研究生說：「大家知道，為什麼這些底層居民，甚至是黑幫老大，會願意跟作者講自己的故事嗎？」

原因其實沒有很複雜，因為人都需要聽眾。但在社會裡，大家流傳的、想要知道的，多半是成功人士如何一步步走向成功的故事，除了研究者以外，幾乎沒人想要知道，悲慘的人的悲慘故事。悲慘故事多半只會發生在兩個地方：捐款跟犯罪。前者以更具悲傷渲染力的描寫，來讓看到故事的人起憐憫之心，進而掏出善款捐贈。後者則是要讓犯罪有跡可循，藉此起底犯罪者的人生，越是悲慘，越是能夠讓犯罪合理化。無差別、沒有理由的犯罪，令人害怕。可惜因為生命故事悲傷而導致的犯罪，讓人燃起一絲可以被預防的希望。可惜兩者都是一種過度煽動的描寫，實在不是說故事的好例子。

但多數出身底層的人，真的很會說。他們不懂用艱澀的詞彙來形容，只能用生活所能碰到的人事物來講述。而他們的故事總是高潮迭起，雖然幾乎是越跌越接近谷底，但會讓人很想聽下去，有時也發人深省、引以為戒。沒有太多歸納，或是歸因，只是單純地說著自己的故事，很有誠意地說著，因為難得有讀者，務必精彩。也可能是那句老話「幸福的家庭只有一種形式，不幸的家庭有各式各樣的不幸」。

就因為各式各樣的不幸，偶爾提到其他人不幸的故事，便會形成一種比上不足比下有餘的警示錄，故事說完，就會覺得自己好像沒有那麼不幸，縱使平鋪直敘，也令人感到精彩。底層的人，用故事感動他人，也說服自己接受現狀。

阿文也是如此，他常常寫下他在工作中、通勤中，甚至是前往用餐的途中，所經歷的事件，把它寫成故事，並且藉由這樣的故事，鼓勵著領著低薪、工時過長的自己。為了那雙充滿皺紋溫暖的手，他可以繼續拚，沒有加班費的拚。在麵店看到一個媽媽帶著孩子來麵店點了一碗麵，全部推到孩子面前說：「媽媽不餓，你快吃，吃多一點長得比較快喔」，實際上已經餓到肚子在叫，老闆以收攤為名，多切了很多小菜給這對母子，也能讓阿文得出自己可以負擔一碗麵跟兩盤小菜，應該更努力，以後可以請這樣的母子吃麵的結論。

無論人生如何發展，阿文總是用著一個又一個故事，來感動別人，也感動著自己，驅使自己像地藏王菩薩一樣發願著：「地獄不空，誓不成佛。」

算得到我們的未來嗎？

但地藏王菩薩終究已經成佛，即使地獄不空，甚至更加人滿為患。而今阿文正在踏入地藏王菩薩發願的境界，離成佛可能也不遠，會先成仙吧？以他的任勞任怨跟無悔付出，成仙應該是遲早的事情。

阿文很會照顧人，也很任勞任怨。這兩樣是他的優點，同時也是他的牢籠。因為善於照顧人，所以讓他很容易洞察到別人的需要，然後背在自己身上，承擔著不屬於他的責任。又因為他很任勞任怨，於是很多人願意給他機會，讓他可以到各處去歷練。但在歷練後，總是因為不善於表現自己的成果，而變成默默做事看別人升遷的受害者。

阿文相當迷惘，亟欲尋求人生方向的指引。就像是我在迷惘時，會下載線上靈籤來求個心安跟人生指引一樣，阿文也會尋求神祕力量來解答人生的問題。我們兩個最常聊的，從未來想要做什麼，逐漸變成「聽說那個塔羅牌很準」，以及「感覺應該要去算個流年」這樣的話題了。

我們周遭的朋友，常常覺得我們把錢花在奇怪的地方，也覺得我們妄自菲薄。阿文幾年前因為想要證明自己不是朋友口中只會寫些無病呻吟文章的人，把自己家鄉的傳說轉化成文章，結果得了最大獎。前陣子也被改編成電視劇，正在電視台上演著。這樣的人，照理說應該可以考慮以寫作為正職，或是開班授課，不需要在政治圈的基層燃燒著肝臟。但我們覺得，會說出這種話、真正可以做出這種選擇的人，多半是家庭能夠提供後援，或者是不需要負擔家計的人。可惜我們都不是，也生怕真的這樣選擇後，有一天會雙雙出現在社會版，成為聳動標題下亟待捐款的人。總之，對我們來說，寫作所獲得的，除了成就感以外，就是經濟的額外收入吧？只能看作是一種禮物，而不是一種安定感。

而朋友也覺得，我們應該把這些收入用來投資自己，比方去學個什麼專業技能，考個證照之類，讓自己身價上漲，成為時下流行的斜槓青年。本來的斜槓指的是多元的興趣身分，但在台灣，斜槓好像變成各式的收入身分，懂得越多，薪水不會變高，但工作跟磨練會變多，這點我們兩個可是親身經歷過。而且，我們也越來越沒有時間去學習，因此，對我們來說，算命也是一種投資，投資「未來可設想的自己」。通過占卜結果，我們有一絲希望可以跟父母的社會階級有所不同，可以有翻身機會，那我們就有前進的動力。

所以，我們毅然決然的押上一週的餐費，賭的是對未來的期盼。

那是一個在六張犁站附近的商辦大樓，打開門後，先看到的是三面落地大鏡子，平常作為有氧舞蹈練舞使用的教室。白色木門打開後，是一張 IKEA 款式、稍大一點的方桌，旁邊一個小鐵架，上面放著精油蠟燭。桌子的對面，放著一體成型、紅色坐墊的靠背椅。周圍散置著懶骨頭以及坐墊。角落擺放著的仍然是 IKEA 款的立燈，外層套著像是蠶繭的罩子，裡面是黃色的燈泡。除此之外，再無其他東西了，擺設相當簡單。

塔羅占卜師招呼我們入座後，點燃了精油蠟燭，拿出了五副塔羅牌，有些是天使靈卡，有些是塔羅牌，有些連我也叫不出來，總之，反正看到很多塔羅牌，也覺得這近兩張小朋友的占卜花得很值得。在燭火搖曳的燈光下，占卜師請阿文抽牌，要算他這一年的工作運。

占卜師先洗了背面是星光圖案的牌，要阿文連抽十二張牌。接著，是背面有著雲彩圖案，跟剛剛大小一樣的牌，也是抽十二張。再來是從最大張的兩種牌各抽一張。最後，中型的牌組抽三張。五副塔羅牌，每副都有用處，把整張方桌排得滿滿的。桌面上有著阿文的流年運勢、未來一年的工作運勢、天使給的小叮嚀、心靈小語。整個桌面，就是阿文的未來寄託。

接下來的一個半小時，占卜師一組一組牌組，交互著、穿插著，述說著阿文接下來的流年運勢，也透過塔羅牌，指導著阿文未來應該用什麼樣的態度面對。占卜師告訴阿文，他需要聆聽自己內心的聲音，發揮自己的領導氣質，才能帶著自己走向更順遂的人生。但人生不會那麼順遂，所以在年中時，他會因為承接一些不屬於自己的責任過得不是很開心。那麼，這時候阿文應該用什麼態度面對呢？占卜師翻開最大張的塔羅牌，就是所謂的天使靈卡。一翻開，阿文看到上面寫的英文字，便轉頭跟我們說：「真的好準，牌叫我要硬起來，不要承擔太多不屬於我的責任啦！」

其實，仔細想想，把這兩張小朋友拿去吃 Buffet 可能更加明智。因為我們想問的問題解答，其實早在我們心中，或者是身邊朋友早已給過的忠告。總歸來說，就是一句廢話：「成功掌握在自己手上」。

塔羅占卜師進來後，點燃了精油蠟燭，拿出了五副塔羅牌…
請抽牌吧！
一次拿出五組…
這兩張小朋友花得很值得啊！
窮小孩發言
你常常承擔一些不屬於自己的責任，卻會選擇一間扛下為他人作嫁…
的確是…
既然都知道了，拒絕不就好了？
社會…
沒那麼簡單啊…
咦咦咦？

在我們成長的過程中，追求的其實就是改變現狀，成功翻身，然後過著跟自己父母不一樣的生活。幸運的是，我們在成長的過程中，掌握到了機會，讓我們可以成功地往前邁進。然而，當我們以為這樣的前進就可以達到翻身的可能時，事實向我們證明，在這樣的路徑背後，一直都存在但我們那時候看不到的真正要件：階級，以及其所伴隨的人際關係和視野。因此，「成功掌握在自己的手上」，這句話要能成立，必須要能對於成功的背後究竟需要什麼，有更深的了解。

但我們在成長的環境中，並沒有辦法獲得這樣的訓練。我們多數在遇到瓶頸時，得到的指引就是更加努力。所以，我們一直在努力，學習其他成功人士的努力經驗，忽略了其背後的脈絡，比方世代，或是階級。所以，我們傾向把不合理的工作當成一種經驗的累積，並且把獲得機會視為運氣使然，並且奮力把握——無論合不合理。因為我們總是信奉著

「機會是給準備好的人」，所以我們會把握每一個機會，並且讓自己看起來像準備好。而沒能清楚的認知，其實擁有更多的機會，才是最重要的。所以，我跟阿文一樣，很怕拒絕別人給的機會，總是怕過了這村就沒那店，倒是花了更多時間跟力氣去提前下車走路。

養成我們這樣的個性，其實並不全然怪我們自己。綜觀實體書店跟網路書店的排行榜，主題是「被別人討厭的勇氣」或是「拒絕的勇氣」的書總是熱賣。但我們都很清楚，這需要的可能不單單只是勇氣，而是底氣，站起來奮力一搏後，失敗了大不了躺下。但躺下需要有人撐著，才不會摔死，我們沒有可以撐著的人跟支柱，只好把勇氣花在其他地方，例如在隔天非週末的下班後，去熱炒店、居酒屋，乾掉兩瓶啤酒，嗨到深夜才回家。隔天還是起得來，怎樣，怕了吧？

長達一個半小時的占卜結束後，我跟阿文還有另一名友人，走到附近的熱炒店。晚上九點多，是熱炒店生意正好的時候，我們排了大概二十分鐘，總算是入座了。服務生帶位到位子前，阿文路過杯架，順手拿起了三個酒杯，確認好座位後，我到了酒櫃前面，轉頭問阿文：「十八天、金牌，哪一個？」這是我們用勇氣訓練出來的SOP。

大家毫無異議的選了金牌，比起十八天，苦味更重的金牌倒是比較適合今天的我們。滿了酒後，大家先乾了一口。跟剛剛在占卜現場的猶豫和徬徨不同，我們拿起菜單，咻咻咻的點了幾道菜。有下酒的涼菜、炒豬肝、蒜泥白肉，再炒個空心菜均衡一下營養，最後點了個湯，作為醒酒之用。對於能挑選的食物，我們總是不迷惘。頂多就是上網搜尋一下，選擇CP值最高的菜來點，這一點都不困難，更不需要猶豫。踩雷也沒關係，反正就是一餐而已，又不是一生。

熱炒店的火可能比一般家庭的瓦斯爐還要猛烈許多，我們點的所有菜在第一瓶酒喝完時，就全數上齊了。我們只是純粹的讚嘆這間店的招牌菜色炒豬肝真是一絕，阿文則是在研究自己是否能夠學起來，以後煮給我們吃。因為阿文常常告訴我們，他很喜歡照顧別人，這是一種強迫症，天秤座特有的。但我總覺得他就是不自覺地對別人好，認為善有善報的菩薩性格，只是阿文既然用西方的星座來形容自己，我也就不勉強用東方的信仰來詮釋他。

我不敢帶女友回家

其實阿文是家裡最小的小孩，而且跟哥哥姐姐有著極大年齡差距。身為么子的阿文出生的時候，前面的哥哥姐姐都長大了，經濟也獨立自主，家中最辛苦的時候已經挺過去了。所以，阿文比起哥哥姐姐，能夠獲得更多來自父母的陪伴，以及實質的資源。而阿文也是個會讀書的小孩，對於弱勢家庭來說，一個會讀書的孩子，某種程度上翻身機會也會相較於其他不擅長讀書的孩子高上一些。因此，阿文在家中受到的照顧也就更多了。

多到被嫉妒的那種。

阿文的哥哥姐姐對阿文的態度，並不像一般手足那樣照顧，反倒是有點不爽。再加上雖然家中經濟有好轉，但哥哥姐姐在工作上並不是很順遂，父母也需要花時間兼顧家計，在這樣的情況下，早早養成阿文獨立的性格，甚至可以反過來照顧家裡的大小事。阿文常常說，他很會照顧別人，是家庭養成的。但他也希望自己的付出，未來可以得到回報。

其實，阿文也很想被照顧。

但阿文始終沒有辦法如願，在家裡沒有，在學校沒有，在職場更是一味的任勞任怨。阿文這樣的個性，在職場上其實很吃香。因為他刻苦耐勞，又凡事替人著想，先一步把人事物照顧得妥當。因此，在公司裡，阿文其實很受歡迎，也結交到不少的好朋友。其中，當然也不乏有許多利用他的善良佔他便宜的人。

阿文也不是笨蛋，但還是會默默的把事情做完，頂多就是在聊天的時候，點了煙狠抽一口，向天空罵句髒話，可能兩句、三句吧，最後，如同沒事人一樣，繼續上下班工作著。所以，我們常常覺得他很坎，而且他的濫好人個性，讓他更坎。但阿文說的也沒錯，他這種照顧人且任勞任怨的個性，其實幫助他得到很多機會。掌握了機會，就算再怎麼慘，也總有被看到的可能。投資理財都有賺有賠了，翻身怎麼能夠沒有犧牲？思考到這裡，好像坎也是正常的。但這樣的想法，當然是自欺欺人，事實上，阿文對於人生，有著非常多的擔心跟不解。

有次，因為工作關係認識了阿文同鄉的朋友，那名朋友極力的跟我們回憶阿文在家鄉有多麼風靡萬千。帥氣的外表、優異的文采、傑出的學業表現，以及毫不遜色的體育成績，還有最重要的那愛照顧人的個性，讓他相當受到歡迎，喜歡阿文的女生從來沒有間斷過。幾天後，我跟阿文見面，說起了這件事情調侃他。阿文卻低著頭說：

「我沒有大家說的那麼好，我在家鄉，完全不敢帶女朋友回家。」

跟哥哥姐姐的童年相比，家中經濟是有好轉，但也只是好轉，這樣的好轉，很難先顯示在家中硬體的更新跟採買。因此，雖說不上是家徒四壁，但打開門，還是可以滿直覺的辨認出家裡的經濟狀態應該不太好。在學生時代，大家並未有太多同理心，常常開心邀請朋友來家中，隔天家裡的裝潢就被拿出來作為討論的話題，遇到比較口無遮攔的朋友，常常讓自卑心發作。我在高中以前，來過我家的朋友也是屈指可數，原因跟阿文一樣，我們都承受不了在學校的光鮮亮麗被拆穿的感覺。

以前，有一部很有名的漫畫，叫作《男女蹺蹺板》。女主角雪野是一名資優生，但私底下的她，其實是非常邋遢，為了保持優異成績而奮力拚搏的人，並沒有外表看起來從容。而她的男友，有著優異外表跟成績的有馬，跟雪野保持著平等的關係，深愛著這個露出真面目的女友，也很照顧雪野展露出來的天然呆以及脆弱。然而，整部漫畫最精彩的，是後半段有馬的創傷以及療傷。他用相當強迫式的、強烈的陽光外向，來遮擋自己心中創傷啃噬出來的陰影傷口。對於雪野來說，他有著完整的家庭、頻率相當的同儕朋友，有足夠的後援支撐著，有能量去面對挑戰。因此，雪野在書中面對欺凌的時候，不找男友哭訴，而是挺身向前面對挑戰。但有馬就不同了，家庭關係破碎，童年又受到虐待，他展現出來的光鮮亮麗，是一種求生的本能。因此，他為自己畫起一條底線，連女友雪野都跨越不了的底線，稍稍碰觸到，有馬心中的警鈴就會大響，防禦機制就會升起。

因為有馬知道，這些東西一旦見光，他會無力去承擔其他人的訕笑或是同情。同情心最可怕，因為它會讓人感受到被憐憫，進而走不到對等的地位。就像阿文不願帶朋友、女友回家一樣，家裡作為一種展露自身最脆弱的部分，是需要相當的勇氣的。

當然，也是因為過去阿文曾經天真爛漫的以為有愛就可以走遍天下，但現實是更為冷漠的，遭受過打擊後，求生本能也就會隨之被建構起來。

「妳能想像嗎？我第一個帶回家的女友，站在我家門口不肯進去。那個時候，我也感覺到，她正在關起她的心門，並且把曾經進入裡面的我請了出去。」

在那之後，不只是女友，新認識的朋友即使跟阿文再熟，也很少去過他家。

我碩士論文題目是澳洲打工度假，其中一個受訪者令我印象相當深刻。

他在出發去打工度假前，是個月薪徘徊在基本薪資附近、學歷不高、英文字母都念不全的人。因為送貨的關係，認識了計劃去打工度假的朋友。在朋友的邀請下，他掂量了自己口袋的錢，扣掉必須有的後盾後，剛好可以供他去澳洲打工度假的前期準備。因此，他在台灣就找好了澳洲工作以及住宿，毅然決然地飛到異鄉去闖蕩。這個受訪者長相不差，身材又健壯，個性也很好，又很努力。所以，在當地不乏有澳洲女生向他示好，但他都沒有接受。

我問受訪者，是對外國女性比較沒有戀愛的感覺嗎？受訪者回答我說：「她們太高級了，我不夠資格。」

這裡的太高級，是一種階級的展現。只是這裡的階級，同樣展現國家之間的位階。因此，身為台灣人的受訪者，和身為英語系國家的女性追求者，一比之下，傳統的男下娶女上嫁的觀念就冒了出來，受訪者當然退縮了。在台灣尚且不敢和比他家境好的女生交往，更何況是白人女性呢？受訪者再回來台灣後，交往的女性是個跟他家境相當的人，他覺得自在許多。

阿文的姐姐跟交往多年的男友分手後，消沈了好一陣子。工作收入不高，年紀又有了還分手，也曾經覺得自己的人生沒有未來了，便開始虛度每一天。在偶然的機會下，阿文的姐姐認識了現任丈夫。現任丈夫給阿文的姐姐愛和經濟支持，讓阿文姐姐從大家口中的青貧大齡剩女，搖身一變成為小資貴婦。連帶的阿文家中的經濟也好了起來，經濟寬裕了，阿文的姐姐也不再對於阿文佔有較多資源感到憤恨，甚至會提供弟弟一些幫助。這樣的情況，看在阿文的哥哥眼裡，就更不是滋味了。

一邊是因為經濟能力關係，只能保持單身並且嫉妒著自己的哥哥；一邊是因為嫁到好男人，一夕之間人生產生巨大翻轉的姐姐。阿文知道自己在怕的東西，很符合社會想像。這個社會對於男性的傳統想像，是要能撐起一個家，可以照顧家庭裡的另一半以及小孩。但對於弱勢家庭來說，這種傳統的概念既讓女性的出路受限，也讓男性的負擔更加沈重。阿文或許不是喜歡照顧人，而是不得不照顧人，以符合傳統觀念下對於男性的想像。而他想要被照顧的願望，成了比翻身更遙不可及的夢想。

要想打破現狀，可能要先成功翻身。但傳統對於翻身的路徑，相對簡單。讀書，上好大學，畢業後找到好工作，基本上就能成功翻身。但當代讀書已經不是翻身唯一的路徑，甚至這條路越來越窄。而過去依循著這條路走上來的阿文，以及跟阿文背景相同的人，都有同樣的疑問：「為什麼認真讀書，沒辦法像那些成功的故事一樣，順利翻身呢？」

乾脆躺平算了？

熱血漫畫《灌籃高手》裡的經典漫畫場景，常常被引用在各種情境。

現在放棄
比賽就結束了喔？
果然現在放棄的話，就可以躺下了！
現在放棄的話，就可以睡覺了！
耶！
哈哈哈
哈哈哈…
呵呵…
你放棄啊？
不不，你先放棄吧！
不，還是你先吧？
好累！
唉…

例如相當著名的一幕是這樣的：胖墩墩的安西教練，手扶著眼鏡，眼鏡處是一片白光，沒有特別刻畫眼神的說：「要是放棄的話，比賽就等於結束了喔……」這句話鼓勵了本來萌生放棄希望的選手，進而回到場上繼續挑戰。

這一幕也常常被拿來惡搞，像是「現在放棄寫作業的話，暑假就開始了（死當）」，或者是在被工作壓得喘不過氣時，常常跟朋友笑說「現在放棄的話，就可以躺下了」，但我們當然沒有真的躺下，畢竟我們的腳下沒有床。我們只是哈哈大笑完後，拿起剛剛午休去買的手搖飲料，或者是咖啡，然後轉回到電腦螢幕前，繼續處理著沒有盡頭的工作，一邊期待著這樣的付出會讓自己得到應有的回報。當然，最終結局多半是像李榮浩的歌詞一樣，「可怎麼去熬日夜顛倒連頭款也湊不到」。

阿文在畢業後，順利的找到工作，也在工作的過程中，得到了許多機會，甚至年紀輕輕就主責一個團隊。即使因為大環境的影響，讓阿文沒能協助打贏選戰。但阿文優秀的表現，也不乏有人挖角。可是這些工作，不過就是從這個基層跳到那個基層，薪水還是基層級的，但期待阿文作為一個有經驗的員工。過去，阿文欣然接受，覺得這是一個機會。但經過無數次的嘗試跟失望，以及即將三十歲的傳統男性應有的社會進程的壓力，阿文知道自己沒有時間可以浪費，他要的是一個機會，一個真正可以翻身的機運。

阿文衷心期盼的是他的付出，終將在有需要時，可以獲得回報。但是，諷刺的是，比起回報，我們更容易在無節制、無目標的付出中，陣亡，進而躺下。就像國文課本裡的蝜蝂，扛著超出自己所能負荷的責任跟工作，等到趴下的那一刻，一旁經過的人，比起同情，更多的是訕笑，訕笑自己的不自量力，就像上到這課時，多數班上同學的反應一樣。

既不能像蟑螂一樣被壓死，又找不到卸下重擔的方法，他只好鼓起勇氣求助，並且推銷自己，甚至學了許多技能，讓自己看起來更加有用。然而，好像窮盡了一切辦法，都無法讓他達成小時候的翻身目標，難道是自己方法錯了嗎？

其實，阿文知道他的方法沒錯，只是他所採用的方法跟手段，所對應的對象，並不足以讓他獲得跟別人一樣的機會。這樣的機會，多半不是一路胼手胝足、苦幹實幹上來的我們所能夠施展的。至少，能不能接觸到實際掌管人事權的前輩，就是最簡單的關鍵。而阿文幾乎只能透過遠的人脈去牽，成功的機率相對來講就低了很多。

然而，阿文並不能停下來，躺平休息。因為只要停下來，幾乎是沒有地板可落腳。

阿文去算塔羅牌前，已經揣了幾個工作機會在手中。他知道裡面沒有讓他怦然心動的差事，但他現在急需一個改變的機會。在占卜師的「好準」卜卦中，阿文決定了自己的去處。因為事先從塔羅占卜中知道了自己可能面臨的問題，比方豬隊友、不配合的同事，以及更多的責任制，所以阿文更有底氣了。後來，阿文也去算了易經、卜卦，大抵都是給出差不多的答案。可能對於我們來說，答案一直都是差不多的，會有什麼改變的，也就是取決於運氣。運氣好就可能一鳴驚人，運氣不好就成了一名路人。

如果只是停留在原地抱怨、羨慕他人，或許可以過得比較輕鬆，但阿文沒有這樣的餘裕可以輕鬆，他還沒有成功，他的成功之路還有一大段要走。甚至，他還要修正自己的方向跟目標，以便可以更有技巧地滿足成功的條件。他仍舊是用著照顧人的個性在付出著；同時，他也不由分說地扛起新工作中，本來不屬於他的責任，學習著他不熟悉的軟體，做著本來應該是其他人的工作。阿文雖然是半路出家，但做得還真的很好，一個意外的契機，他的創意被轉貼，瞬間得到了超乎想像的回響，也讓他暫時站穩了腳步。

阿文將一切導向塔羅牌所預示的功勞，也讓他燃起一絲希望，因為占卜師說，下半年會有轉運點。但天知地知你知我知阿文知，占卜師給的方向不過是跟自己心中的期待恰好符合，才不是什麼命中注定。出身是命，要比別人更努力才能翻轉命運。所以，真正支撐阿文走下去的，是想要光宗耀祖的心，是對於成功翻身未來的憧憬，是不願再回到過去那個擔心受怕帶朋友回家的生活，是能夠抬頭挺胸跟女友商討人生下一個階段的期待。

我曾經問過阿文，他的夢想是什麼？阿文說，他想要變有錢，讓家裡變好，讓媽媽有面子，然後，把女朋友娶進門。如果可以的話，他想要休息一下，在休息的時候，希望那些以前他照顧過的人，都可以反過來照顧自己。雖然感覺未來實現這種景象時，應該就是被長照了吧。

媽媽們的翻身

想要成為一個上班族的我媽

火車叩隆叩隆的行駛過鐵道，一路從艷陽高照的嘉義開到新店。

「我跟火車真的很有緣啊！」媽媽常常這樣告訴我們。

小時候，載滿白甘蔗的火車，沿路叩隆叩隆的行駛過鋪設在鄉間的鐵軌，開的速度不快，許多農村的孩子會蜂擁而上，快速的拔起一兩根，然後落荒而逃。搜集起來的甘蔗，可以再賣回給糖廠，賺取一些微薄的零用錢，或多或少幫助家裡的經濟。一開始是親戚帶著媽媽，後來媽媽背著弟弟，帶著妹妹，到後來所有的小孩都出動，在監控下，偶爾可以得手，反正沒有損失。

回到家後，弟弟還是背在身上，書包放下後就去撿柴，砍柴。把柴火放到灶裡面，跟著她的奶奶一起，生火、煮飯，張羅弟妹先吃，並且帶弟妹們先去洗澡，讓爸媽回來以後，桌上有著熱騰騰的食物，也不會有額外的家務負擔需要處理，畢竟，他們在外辛苦了一天，回家也沒有更多時間了。

媽媽說，從有意識開始，她的手就沒有停過。小朋友的手很小，能夠做的有限，就是幫忙拔拔雜草，餵餵家裡養的雞、鴨、豬，做做家事，照顧弟弟妹妹。等到大一點後，在上學前，可以起來幫忙撿柴、砍柴，準備家裡的早餐晚餐，準備便當，帶弟妹去上學。下課後，可以去幫忙拔甘蔗、剖蚵仔，農忙時幫忙插秧等等。

總之，一直在勞動著。

媽媽總是想像她的未來，會在台北工作，坐在辦公室，賺很多錢，打扮得時尚，燙一頭鬈髮，穿著墊肩的衣服，擁有自己的工作。所以，她很努力讀書，即使每天所需要做的家務事跟農作很多，她還是很努力讀書。因為她只知道，讀書不難，還可以讓她去台北，完成自己的願望。而不是坐在路邊剖蚵仔，或者是去紡織工廠車衣服，最後結婚、生小孩，跟她的爸爸媽媽一樣。

就這樣，抱持著夢想，媽媽一路名列前茅，在國中畢業前，考上了嘉義女中。離坐辦公室又更進一步了吧？媽媽心想。

回家後，她的媽媽，我的外婆，語重心長的跟媽媽說：

「放棄讀書吧，家裡要蓋房子。」

除此之外，沒有別的了。媽媽忘記自己是否有哭，但肯定沒鬧，因為窮苦家庭的孩子沒有鬧的本錢，能不能哭她也忘了。總之，隔天她還是一樣早起，做完應該做的家事後，到了學校跟老師說：「我家要蓋房子，不能繼續升學了，謝謝老師。」

老師很不捨，特別到了媽媽家裡，跟外婆促膝長談，希望透過各種方式，就算是自掏腰包，也要讓媽媽可以繼續升學。老師離開後，外婆把媽媽叫了進去，跟媽媽說：「什麼債最難還妳知道嗎？人情債。」

「人情債難還，所以我就沒有繼續升學了。」這是媽媽常常掛在嘴邊的一句話，也是從小壓得我喘不過氣的一句話。求人不如求己，因為人情債難還。很多跟我一樣出身的人，終其一生要練習的，是如何開口求助。

一句人情債難還，以及奶奶的過世，把媽媽送出了嘉義。她在工廠跟髮廊之間，選擇了髮廊，從嘉義坐火車到台北，更精確來說，是台北縣，從辛苦的美髮學徒做起，一路做著做著，終於出師，能寄錢回家，跟幾個朋友合資開了髮廊，然後結婚了。

二十二歲就結婚生子，在那個年代，以鄉下地方的小孩來說，不算稀奇。一連生了四個，比起自己的奶奶生了一打，還少了許多。只是在台北，在後來她認識的朋友群裡面，她算是多產的了。

結了婚後，手也沒有停過。這場婚姻是好是壞，媽媽自己心裡有數，我們心裡也有數，周遭的人心裡更有數。跟年輕的時候相比，這個時候的手無法停止，更是沒有了未來的想望。只能被生活逼著走，一步一步，唯一想的就是等孩子長大，但長大後能幹嘛，她也不知道。

自己失去什麼重要的東西，就不能讓孩子也重蹈覆轍，這點似乎是媽媽的中心目標。雖然經濟困頓，但媽媽始終捍衛著我們的教育權。在她心中認定，只有讀書才可以翻身。即使要去借錢，即使要把書藏在書櫃，即使要跟爸爸吵架，即使大家只能吃比較便宜的食物，但還是要讀書，要買書給我們讀，要讓我們以後跟她、跟爸爸走不一樣的路，要去坐辦公室，做個有未來的人。

平常，媽媽工作很忙，我們的三餐常常是媽媽在早餐店、便當店甚至是鄰居家放錢，然後我們自己去消費，以儲值扣款的方式進行著。只有當我們功課不會的時候，媽媽會請假，親自到學校去，跟老師學習。五年級時，新來的老師教我們用輾轉相除法，我怎麼學都看不懂，回家跟媽媽哭。媽媽隔天就去學校，中午午休，請老師教她，她學會了回來教我，我以後也可以教弟妹。除此之外，媽媽幾乎是沒有時間管教我們，她只是不斷的跟我們說著故事，並且讓我們看到讀書的好，以及用她的生命故事，讓我們知道，不讀書就會像她這樣，一種恐懼的教育，倒也是逼得我們向前進。

在大學時，媽媽跟外婆一起去排紫微斗數的命盤。紫微斗數的老師跟媽媽說，如果她當時選擇讀書，現在的人生會完全不一樣：會非常的好，飛黃騰達，子孫滿堂，丈夫疼愛，總而言之，就是跟現在完全不一樣的人生。當時，外婆握著媽媽的手，跟她道歉。媽媽跟外婆說：「沒關係，人情債難還，至少我們沒欠人情債。」

我們照著媽媽的期許，致力於學業表現，考了不錯的學校，看起來是進入翻身的行列了。然而，等到我們進入學校後才發現，取得的不過就是入場券，進去後的每一個消費，我們未必負擔得起。販賣成功商品的特殊商人，什麼時候會出現，好像只有我不知道。讀書等於翻身這點，我打上了大大的問號。

再後來，畢了業，出了社會，努力著努力著，用著媽媽告訴我們的方法，用著社會給的窮人翻身方針，奮鬥了幾年。最終發現，這些方法都很老舊，就像是用著十年前的程式設計教科書，來解決現代儀器的bug一樣，用明朝的劍斬清朝的官，好險沒出事。

媽媽不知道自己該怎麼辦，只能聽著孩子抱怨自己的無奈，還有一些些不耐。如果能像過去一樣，去學校、去公司，找老師、找老闆問怎麼辦，然後回來教小孩，我想媽媽還是會去吧？只是，公司不是學校，有很多東西不是教育就可以解決的，涉及到的是階級，是媽媽改變不了的現狀。

當代的台灣社會，流行著的書籍，除了心理勵志外，還有「情感勒索」、「童年情感依賴」等關鍵字所寫成的書籍，每個年輕人在成長過程中，試圖找尋究竟為何導致自己現在這樣子。社會結構難以鬆動，個人情感又不容忽視，最後，劍指家庭，指向爸媽，相對來講比起撼動社會，容易許多。

我當然也不例外，在尋求心理諮商解決工作問題時，也不免碰觸到

媽媽！老師
今天教的我
都不會啊！
哇
不懂的話，
學會就好
了呀！
可是我就
學不會啊！
我學。
輾轉相除法是吧？
決心
媽媽明天就去
請老師教我。
鉛筆拿來
咦？
我學會了
再教妳。
OK？
在大學時，媽媽跟
外婆一起去排紫微
斗數的命盤。
老師說如果我
當年讓妳繼續
唸書的話…
妳的命就完
全不一樣了，
會飛黃騰達…
孩子啊…
對不起…
哈哈
沒關係…
人情債難還，
至少我們沒
欠人情債呀！

家庭這塊。曾經，我也把所有的錯怪到家裡，怪到媽媽身上。我也會跟別人說，世界上最保守的人其實應該是父母，因為他們希望孩子過得好，所以他們用他們成長的標準跟方式來教育孩子，認為他們照這樣做，就可以高枕無憂，甚至覺得自己能夠提供這樣的環境，就是一種成功。殊不知，時代更迭，劇烈變動下的環境，他們跟不上。

雖然這句話很重，但確實某種程度上解釋了為什麼讀書不等於翻身這件事情，那可能是媽媽那個年代的答案，或者，早個一、二十年，可能據以成功的手段。但當代社會，可能已經沒那麼實用了。因此，我在書中、文章中，認真地闡述階級，以及階級帶來的視野跟人脈，對於成功的影響。

媽媽是否聽進去了，我不是很清楚。但最近帶媽媽去吃飯，她偶爾會說：「雖然人情債難還，但當時應該就欠下去，現在怎樣都還得了啦！」

然後大吃著火鍋，或是她最愛的韓式料理，用肉片吞進去她的不甘心。

終於叫丈夫閉嘴的阿蘭

阿蘭是個客家人，學歷不高，只有國中畢業。結婚後，因為丈夫常常換工作的關係，她多半只能做些協助工地的小工，或是到飯店、餐廳，做做清潔工作。可能因為勤奮，總是從打工變成正職，再變成值班、小主管，然後在即將要穩定的時候，又因為丈夫的關係，移動到另一個地方，重複著一樣的進程。

阿蘭婚後生了兩個孩子。長女出生時，家中經濟尚好，阿蘭把所有的錢省下來，送女兒進私立中學。她其實沒有跟很多人說，她一直都很想繼續讀書，也覺得只有繼續讀書，才能出人頭地，擺脫現在的生活。但不幸地，她已經走入了這樣的生活，她唯一能做的，就是讓她的孩子藉由讀書擺脫貧窮。

但他們夫妻倆無論怎麼熬，都只能熬到送孩子去讀私立中學的錢。當孩子回家跟他們伸手要跟朋友出去玩的零用錢時，給不出錢的他們，只能兇孩子，要她不要顧著玩，好好讀書，不要浪費爸媽的錢。他們沒有時間，不想、也不敢知道，孩子為何要伸手要錢，只知道顧著玩沒有好處，專心讀書比較實際。你看，那個誰誰誰的孩子，不是就靠著讀書，現在賺好多錢回家給爸媽花，還可以養大家中比較小的孩子，這就是讀書所能帶來的好處啊。

下一胎生了一個男生後，阿蘭知道自己已經盡到應盡的義務了。只是，那時候丈夫的工作不穩定，全家只能搬到阿蘭的姐姐家中，包吃包住還包工作。當然，她也知道，丈夫不開心。但沒辦法，形勢比人強，只能等待機會，努力再努力，終究可以出頭天。

時間一天天過去，小孩也漸漸大了，需要用錢的地方更多了。雖然想要讓小兒子也讀私立中學，讓孩子能夠早日步上成功的道路。但家裡經濟實在是拮据，又劇烈變動，加上為了完整丈夫的面子，所以咬牙扛貸款買下房子，吃掉了家裡所有可用的財富，也用盡了要給小兒子上私立中學的機會。自己剝奪了孩子成功的機會，真的很自責、內疚。

丈夫不願開口，也開不了口，丈夫唯一張口的時候，就是在親戚面前大肆宣揚自己的豐功偉業，但對於孩子跟妻子所提出的問題和質疑，丈夫始終開不了口。只能有默契地把車子停在雜貨店外，由妻子跟小兒子說，讀私立中學是不可能的事情，去讀公立中學吧。然後，再開車回家，結束這場尷尬的沈默。

小兒子倒是展現了讀書的長才，一路名列前茅，考上了不錯的學校。研究所時，甚至申請去日本交換讀書，讓自家在家族裡頓時有了面子，也讓阿蘭覺得自己很有出息——小孩有出息，就是爸媽的出息。但阿蘭知道，有出息的兒子並不是因為父母的期待才有出息的，甚至是因為想要遠離父母，才拚命有出息，在學業表現上有出息。

隨著時間過去，兒子長大了，阿蘭的丈夫開始期待兒子娶妻生子，讓家裡更有面子。但這樣的想法引來兒子劇烈的反彈，回家的次數幾乎堪比牛郎跟織女。因此，阿蘭開始積極的想去了解兒子，這個一直以來很聽話、沒什麼意見、互動很生疏的小孩。

阿蘭的嘗試和改變兒子都看在眼裡，在一次家庭革命後，兒子看到阿蘭扛起他跟爸爸還有姐姐的爭吵，並且積極的試圖理解兒子引發家庭革命的原因。兒子開始嘗試著跟阿蘭修復關係，他們偶爾會約吃飯，也會一起去旅遊，甚至計畫出國去玩。但是，越是了解，阿蘭也越是發現，兒子築起的那道牆有多牢固。當阿蘭想要知道兒子更多的生活細節時，兒子就會用反應告訴阿蘭，不要想控制他的生活，不准干涉他的決定。並且告訴阿蘭，導致這一切的原因，可能劍指童年的情感缺乏。特別是那條因為沒時間看管怕危險而綁住自己的繩子，以及放任爸爸遷怒無力阻止的夜晚等等，一幕幕場景，都是存在並且無法磨滅的，這些過去的經驗所造成的傷痕，難以輕易消除，甚至容易形成情感勒索，讓嫌隙更大。

阿蘭其實聽不太懂，但她知道兒子在告訴她，距離是維繫母子感情的唯一方式。所以，她一方面夾在丈夫跟兒子、女兒之間，要紓解彼此的恩怨情仇；一方面又要聽懂、了解、並且進一步認同兒子，才能保有這段看起來還健康的母子情。阿蘭偶爾回想起自己的少女時代，當時如果選擇繼續讀書，或者是毅然決然的離婚，會不會現在的人生就不一樣了？

但過去無法重來，只能掌握未來。所以，阿蘭現在最常做的，就是跟同事、朋友約出去玩，有時候還會出國。偶爾到台北找找兒子，講些以前自己曾經有過的想法，把兒子當朋友一樣，聊天談心。

同時，因為過去沒有學習的機會，現在阿蘭積極展開學習，自學很多東西，並且把握每一個學習的機會，學習知識，也學習這個社會的進

過去沒有學習的機會，現在阿蘭把握每一個學習的機會，學習跟兒子相處的機會，學習這個社會的進步概念。
現代的人不婚不生是有原因的…這件事情我也了解。
沒事
媽媽…
所以兒子只要幸福就好，當然不一定要生小孩呀！
這件事情你也跟我講很多次了，我理解。
豎起耳朵！
那可以不要支持K政黨嗎？
哼
哼哈
哈
那是兩碼子事！
親愛的兒子！
針對這件事情，你還是沒有強力的支持理論讓我不支持K政黨喔喔喔喔喔！
嘖。

步概念，不進步感覺無法跟兒子有話題。阿蘭雖然無法接受兒子不支持國民黨，但她可以認同兒子的不婚不生。因為針對不婚不生，兒子肯花時間跟她溝通。但針對不支持國民黨的原因，阿蘭不認為兒子提出的理由能夠充分說服她。

現在，橫亙在他們母子之間的，除了那些叫作情感勒索的東西外，就只剩下政治傾向了。前者，她會努力學習降低對孩子的依賴，並且減少要孩子想想過去父母做了哪些事情。後者，她會在每次兒子回家前，記得把家裡青天白日滿地紅旗子等東西都收起來，把電視轉到ＴＶＢＳ台，煮兒子喜歡吃的東西。除此之外，能避免就要避免。當丈夫要開口時，阿蘭甚至會率先搶話說：

「你安靜，不要講話，吵死了。」

然後眼神洩漏出得意，往兒子的方向看去，在兒子帶著讚賞的眼神中，多吃兩口飯。

我才不想當虎媽

在萬華出生的阿玉，因為家境不好，早早就出社會工作了，自己連國小都沒有畢業，自然很羨慕讀書讀很高的人，覺得把書讀好，就能夠做很多事情，所以，自己以後有機會，一定要繼續讀書。抱著這樣的想法，阿玉努力工作，期待著未來有一天可以實現夢想。

和男朋友交往很久，中間也分分合合了數次，始終無法定下來。理由其實說來也簡單，就是男朋友的經濟條件一直沒改善，三十好幾了，薪水也就跟剛出社會的小毛頭沒有差太多，這樣下去，未來有小孩更是慘澹，因此，兩人就這樣交往，分手，復合，分手，分分合合的過了好幾年。從少女談成了輕熟女，也做好了就這樣走下去不結婚的打算。

依舊是勤勤懇懇地工作，想著如果多讀一點書就好了。

機遇總是來得奇妙，終究在一個神奇的境遇下，男朋友有了可以結婚的經濟能力，兩人就像趕進度一般，結婚、生子。阿玉就像一般的老闆娘一樣，協助丈夫管理公司，也花了大部分時間關注孩子的教育。阿玉始終記得自己看過的讀書致富的故事，阿玉本身沒有經驗，只好依照看過其他成功人士的故事，照本宣科地把孩子送進私立中學，讓她們進入一個好的環境，未來可能會有不一樣的人生。

為了讓孩子認真讀書，有個可以期待的將來，阿玉非常嚴格看待孩子的教育，套句現代的講法，就是虎媽。阿玉才不想做一個虎媽，她只是希望孩子不要跟自己一樣，字認識自己，但自己不認識字。所以，她很關心子女的學業表現，表現不好就是教訓，因為她知道，功課不好在社會上很難出人頭地，所以，至少要有漂亮學歷，才能找到好工作，有好未來。

阿玉的女兒常說阿玉運氣很好，當阿玉沒錢的時候，去彩券行刮刮樂，都可以刮中五千塊的那種運氣好。每期統一發票也一定會中獎，投資什麼得利什麼，彷彿過去只是缺本金，而不缺運氣一樣。而阿玉最重要的投資，就是小孩的教育，只要小孩好好讀書，該給的零用錢她一定給。她隱約知道，送孩子去讀私立中學是不夠的，還有那些朋友，要讓孩子能夠在裡面交到朋友，才是對他們的未來有幫助。

阿玉嚴格的教育孩子，在虎媽式的教育下，終於每個孩子都大學畢業了。大女兒甚至考上了前幾志願的研究所，畢業後在工作表現上也可圈可點，阿玉總算可以放下心中的擔子了。

「我媽原來跟個孩子一樣，過去的兇狠都不見了。」阿玉的大女兒在自己最小的妹妹畢業後，這樣形容自己的媽媽。

最小的女兒離開學校，走入職場，代表自己長久以來的教養重責可以卸下了。對於阿玉來說，下一個重要的點，不是看著孩子生兒育女，因為她知道，現在孩子是要求不得的，越要求越反彈，倒不如放任他們自己去闖，總會找到自己要的人生方向。接下來，她要追尋自己的人生。

國小都沒畢業的阿玉實在很不甘心，她想繼續讀書，就算已經年紀大了，她還是想。所以，她自己報名補校，也讓她申請過了，終於，開始了未完成的夢想，重拾書本。

連ㄅㄆㄇㄈ都不會的阿玉，從最基本的ㄅㄆㄇㄈ拼音開始學。過了五十歲，學什麼都很困難，但這是她的夢想，她甘於學習。每天在家裡念ㄅㄆㄇㄈ，即使被孩子取笑都不退縮。

「ㄅ，爸爸的ㄅ。ㄆ，蘋果的ㄆ。ㄇ，媽媽的ㄇ。ㄈ，佛祖的ㄈ。」

阿玉是這樣在練習注音符號的，很牙牙學語。

阿玉的女兒有時候會模仿阿玉的話來給我們聽，她說阿玉常常會把「佛祖的ㄈ」，念成台語的「佛」，然後說「ㄈㄨˋ ㄗㄡˋ的ㄈ」，雖然錯了，但最後還是把這個注音符號給學會了。

阿玉的女兒也說，自從媽媽卸下了教育子女的重擔後，她才發現，媽媽其實是一個很可愛的人。會有不喜歡吃的東西，遇到挫折會生氣、難過，還會生悶氣、發牢騷。在學校遇到不會的問題，也會像個小孩一樣，敲敲她的門，問她這個字怎麼念，這個算式怎麼算，怎麼算都算不出來的時候，也會把筆甩在桌上，說「不念了，不念了，我念這個幹什麼」，然後，轉身出去，過沒多久，又敲敲她的門，繼續學習。

雖然阿玉學歷不高，但阿玉真的很聰明，特別是對於社會的觀察以及人生的體悟，有著很獨特的看法。阿玉的女兒也常常在社群媒體上連載她的「艋舺阿母」的點點滴滴。比方同婚公投時，阿玉的媽媽看著電視開口就說：「那些反對的人先去問問自己結婚有沒有比較幸福啦！」

然後旁邊的丈夫身子一愣，更縮進沙發之中。

連ㄅㄆㄇㄈ都不會的阿玉，
從最基本的ㄅㄆㄇㄈ拼字
開始學。
ㄅ，爸爸的ㄅ。
ㄆ，蘋果的ㄆ。
ㄇ，媽媽的ㄇ。
ㄈ，ㄈㄨˊㄗㄡˋ的ㄈ。
?
ㄈㄨˊㄗㄡˋ?
南無~
氣死人！這麼
難！不學了！
喂喂—！
好快！
欸…
?
剛剛那個…
再教我
一次。
哼—！
回來的也
好快！

因為阿玉的晚年學習，家裡也出現很多有趣的笑料。

「上一次，我媽一直在默念著：『I want the banana, I want the banana』，嚇得我趕快去看她怎麼了，原來只是在背句子，害我還以為我爸要被熟年離婚了。」

又或者是阿玉在學的英文句子，總是荒謬到不行，讓人重新思考教材編纂是否應該要有核心意義。像是「我是一個護士，所以我喜歡聖誕節，想跟聖誕老人做朋友」，大概可以理解課本想要讓大家認識職業，以及節慶，但把這些擺在一起，總是有說不出的怪。

阿玉也很努力，榮獲班上的模範生肯定。阿玉請女兒幫她擬致詞稿，並且陪她練習，讓她可以表現得更好，證明自己真的不負這個模範生的肯定。阿玉不是很滿意女兒擬的稿，總覺得這個稿不夠大氣，最後女兒只好把稿拿去給幫總統撰稿的人潤飾，回家告訴阿玉「這是總統級的致詞稿」，讓阿玉得意不已。

終於，阿玉畢業了。

穿上畢業服的她，總算滿足了自己小時候的夢想。雖然現在的畢業可能對她幫助不大，但終究讓她踏上了自己小時候覺得可以翻身的道路，並且，她還要繼續走下去，這是靠著自己而不是靠著孩子所得來的成就感。

在我研究生時期，跟老師坐著火車，從田野現場要返程。跟老師聊到自己的故事，談到對我來說，能夠讀書真的很不容易，因為讀書在我們家族中，不是一項會被支持的事情。老師問我說，家裡有誰支持我讀書嗎？我告訴老師，我的媽媽非常支持小孩讀書，她認為我們都必須要有大學畢業才行。

老師告訴我，在社會學相關的研究當中，對於工人階級家庭能夠發生翻身的結果，通常都是取決於這個家庭內的母親是否支持教育，或是否願意投注家中資源在孩子的教育上。

對於我、對於尚恩、對於大大、對於小慈、對於阿文，還有跟我們差不多背景的朋友來說，出生於工人家庭，從小家境不好，在家庭資源缺乏的情況下，我們的母親幾乎是用盡所有的心力，把資源挪用到教育之下。她們或許忍受著來自丈夫的不認可，又或者是需要付出更多的勞力來賺取足夠的資源，但她們沒有停下推動孩子教育的腳步。

因此，我們得以成功升學。

然而，讀書真的可以等於翻身嗎？其實成了當代最大的疑問，甚至有許多的討論由此興起，答案也幾乎要否定這個等式。隨之而來的，是對於視野跟人脈的重要性被肯認，也讓翻身變得更不容易。

但我們的母親，在她們的年代，看到的是因為讀書而翻身成功的例子，而她們也都跟教育失之交臂，因此，在這個過程中，她們投注更多的資源在教育身上，只為了讓孩子走向成功的道路。當然，也期待透過孩子的翻身，證明自己的犧牲是有價值的，或自己對教育的堅持是一種正確的眼光獨到。當孩子成功地走上讀書這條路，卻沒能因此翻身，甚至因為洞察到了自已的侷限，更加動彈不得而痛苦異常時，我們的母親不是很能理解，為什麼孩子不能成功翻身？難道自己有哪裡做得不對嗎？

事實上，這是整體社會結構的問題，只是礙於我們的階級視野，讓我們活在迷霧之中而不能看透。但透過教育，即使我們不能翻身，也獲得了清明。至少我們知道這個社會的遊戲規則正在改變，知道在改變，我們就能修正方向，就能換個角度，換個方式，重新走上成功翻身的路徑。

我們的母親，為我們闢築了翻身的道路，讓我們比起其他同背景的人，能夠擁有看清並且踏上翻身之路的機會。而媽媽們的翻身，或許也正是透過子女們的翻身而實踐。

我要活下去

去歐洲旅遊，是什麼樣的感覺呢？

在今年以前的我，想都不敢想。我身邊很多朋友，會在蜜月旅行時，去歐洲一趟。好像要去一下歐洲大陸，才有結婚的價值。但我自己沒有對象，也沒有時間，更沒有足夠的旅費。拜廉價航空所賜，我才能有出國到附近國家看看的機會，所以，我只能跟自己承諾，以後有錢的時候，大概四、五十歲吧？就去歐洲玩一趟吧！

但人生很難掌控，對於上班族來說，連午餐要吃什麼都是一個很難抉擇的事情，更何況是旅遊？也不知道哪根筋燒壞，在今年一月底，我睜開眼睛，已經是在飛往倫敦的班機上，吃著很多人覺得很難吃，但我很喜歡，偶爾還會被外殼的鋁箔紙燙到的飛機餐。

是的，今年初，我飛往倫敦找我的大學同學。並且，這一去不是幾天、幾週，而是一個月！

在前幾年，有一名日本電通的年輕女生自殺了，她是過勞導致的死亡，很多網友在相關的各種報導下留言。幾乎所有的留言都指向一個問題，那就是：「為什麼不辭職？」

有人分析日本的社會和職場文化，有人分析女性在成長過程中遇到的問題跟阻礙。也不乏有人看到日本，想到台灣。

那時候，一名漫畫家將自己對抗憂鬱症的經驗畫成漫畫，很多人說：「這就對了！這應該就是這個女生沒有辭職，而是選擇結束生命的理由！」

那是個一開始看似明亮的漫畫，第一頁的場景非常像給學生的生涯規劃廣告一樣。在一個人的前方，有很多條路。每條路的盡頭都有扇門。有些門是開啟的，開啟的門中，有些看得到門後的風景，有些看不到。也有些門是半開的，只有光微微透出。更有些門是緊閉的，不知道門後面是怎樣的風景。但是，無論是開啟的，還是緊閉的，總之，路的盡頭有門。

很璀璨光明，也很多選擇。

再下一頁，明亮的風景開始罩上黑色的灰霧。從作者解釋中可以知道，那名主人公因為繁忙的工作關係，失去了跟朋友、家人相處的時間，也很少有時間停下腳步休息。因此，工作幾乎等於他的全部，也蒙蔽了他的思考。讀者可以看到，那些路有些已經蒙上了陰影，有的門已經鎖死了，但還有一些門勉強看得見。還有一些人，在罩上灰霧的門前，招著手，指引著方向。

接著，就來到倒數第二張了。

主人翁已經是個看不出形體的存在，就像是以前曾經流行過的巫毒娃娃一樣，全身只有粗粗的線條，勉強看得到眼睛。從線條的描繪中，讓人覺得這是一個很壓抑、很不舒服的存在。

然後，他前方的每一條路，已經籠罩在厚重的黑霧當中，濃得猶如瀝青一樣，撥不開。雖然黑霧罩住了每一條路，但從讀者的視線中，知道其實主人公還是看得到路的盡頭有門的。只是每一扇門，都已經是用厚實的大鎖鍊住，甚至重重荊棘纏繞。

最後一張，主角在一條條明亮的道路前方，結束了自己的生命。

就像是日本電通那名二十四歲的東大女性員工一樣，就連辭職都無力，最終奮力一搏的，是把力氣用在結束自己的一生。

我第一次去尋求心理諮商的援助，是在出書後的一年左右。

當時，我換到了一個不錯的管理職工作，待遇好，加上因為出書的關係，帶來了一些演講跟寫作的機會，收入比起之前高了非常多。雖然比不上批踢踢鄉民的月入數十萬，但也比之前的工作多了一兩倍，手頭寬裕了，感覺人生都明亮了。

當時，我換到了一個不錯的管理職工作，待遇好
球球升職了！
薪水UP！
因為出書帶來演講與寫作機會！
太棒啦！
耶耶耶！
額外收入UP！
感覺好像前途都璀璨了起來…
至少每餐都可以吃到兩百塊！
嘿嘿
恭喜妳通關了！
那麼接著到下個關卡…
咦咦咦！
等等…不是已經快樂結局了嗎？
為什麼還要這麼辛苦？
哈哈
怎麼可能，這可是人生呀！

然而，如果人生因此就前途璀璨了起來，那就像是童話故事一樣，最後大家打敗大魔王，從此過著幸福快樂的日子。這樣的情境，當然不可能發生。人就是一個會為自己找麻煩的存在，有時候別人也會幫你一起找麻煩，最後，麻煩就上身了。

首先，是飲食上的問題。

從小到大，我只有一個願望，就是賺錢吃好吃的。所以，當我領的錢越來越多，我便開始帶我的家人去吃好吃的東西。其實好吃的東西定義很廣，我們的定義很簡單，就是去一個有菜單（重點是價位）的地方，可以不用擔心預算的點菜。從小時候覺得吃我家牛排、錢都涮涮鍋就很高級，到後來的熱炒、日式料理、韓式料理、茹絲葵等牛排館，再後來進階到飯店高級自助餐、台菜餐廳，一餐五、六千元花下去，人生都亮了起來。

除了跟家人一起去吃的以外，其他的每一餐，我都會貢獻給各個我經過地方的馬桶。在台北市、新北市、新竹市、桃園市，甚至到了離島，統統都有我吐過的痕跡。這是劇烈壓力形成的現象，為了避免嘔吐，我開始減低進食的頻率，只為了可以快速地吐完，且吐水總比吐食物好。

等到我意識到的時候，體重已經在幾個月內迅速掉了數十公斤。但當時的我覺得很開心，終於有機會走向一個有價值的人生。就像我之前說的，對於工人階級家庭的女性，能否嫁得出去，是父親用以掂量女兒價值的方式。變瘦，變得符合社會的期待，就是種價值的展現。

所以，我放任這件事情發生，直至開始無法進食，且無法控制自己何時要嘔吐，侵蝕了我對於時間的管理權力。

某次，我跟同事一起去看醫生，醫生跟我說：

「張小姐，妳有厭食症前期的徵狀了。妳接下來，每餐至少要吃得跟妳旁邊的朋友一樣多。」

看著身旁那個身材高眺纖細的同事，我只覺得自己還要繼續努力，她就是我的目標。等到有天我跟她一樣，才可以吃那麼多。

之後，是無節制的消費。

無止境的加班完後，因為在食欲方面無法獲得滿足，轉向的便是物欲。雖然那時候想想，應該可以把時間拿來休息，但自己也知道，回家後還會繼續工作，短短的一個小時，即便拿來睡覺，腦袋也停止不了運轉，乾脆就去刷卡買東西，讓腦內啡充滿體內，也能證明自己工作的意義。

那時候，我常常走進以前不敢進去的百貨公司，就像是穿越百貨公司的通道，準備去搭捷運一樣。只是進去、出來後，手中便會多出一個

無止盡的加班完後，因為在食慾方面無法獲得滿足，轉向的便是物慾。
刷下去
買！
買買！！
上班好累啊…
喔喔！這個好像也很不錯！
刷卡都是為了腦內啡！
穿著百貨公司買來的鞋子感覺也很好！
呼呼
這可是高級貨唷！
擁有的感覺就很好！
…
刺痛
刺痛
直接穿對吧？
謝謝惠顧
舊的幫我包起來…
好痛…難道我只適合便宜貨嗎？
嗚嗚
一双 200元
SHOES !! 便宜
刺痛
刺痛

袋子，裡面是一雙鞋，或是一個什麼東西。衣服什麼的我還是不敢試穿，但鞋子沒有什麼尺寸限制，所以我就買了，即使不合腳，我還是買了，回家後，放在櫃子裡面，穿個一次，證明自己真的擁有這雙鞋，便束之高閣了。

我常常不自覺地穿新鞋出門，有一次在結束聚會後，腳實在痛得受不了。我便走進忠孝東路的地下街，隨意買了一雙兩百元的鞋子，火速地換上，感覺腳得到前所未有的舒適。

「難道，我就只適合這種便宜貨嗎？」

上述的幾件事情，都還在可以接受的範圍內。當時的薪資還可以支撐，逐漸消瘦的體型也為我帶來一些正面的誇獎，感覺人生正在走往一個對的方向。因此，我繼續把工作壓力發洩在這些事物上。比較親近的朋友，發現事情好像不太對勁，勸我離職或是不要那麼力求表現，甚至是要把話說開，不要承擔無謂的壓力。但我只覺得她們不懂，不懂對於我來說，這樣的機會有多麼難得，多少人在搶著要。我做得不好，不只是我自己不好，更是讓人抓到把柄，可以挑明說：「年輕人表現就是不好啦。」

同時，我也從主管的口中，得到「中產階級比較優雅」這樣的評語。所以，我在美感跟品味這一塊，似乎終究擺脫不了我的出身所帶給我的限制。

偶爾，我會在睡前寫下最近的心情，毫無章法，大概就是亂寫一通，以抒發心情為主的寫法。當我在隨意瀏覽網頁的時候，看到了那部描寫憂鬱症的漫畫，準備提筆寫下我的心情時，無意中翻開過去的幾頁，發現我居然幾度寫下「為什麼捷運站已經都裝好安全閘門？」這樣的話語時，我終於明白，有些事情是不得不面對了。

所以，我去看了心理諮商。雖然看一次的錢可以買一雙鞋子，而且是百貨公司一樓的鞋子，但是，不合腳的鞋子，就跟不適合的工作一樣，都是需要被拋棄的，所以，我去看了心理諮商。

心理諮商真的很貴，貴到我幾乎是按部就班的實踐諮商師要我做的改進，只因為我希望可以縮短治療時間，節省一點錢，就算不買鞋子，也可以用來吃個好吃的。在第四次的療程後，諮商師跟我說，暫時可以不用來了，我已經可以處理自己的狀態。當然，最治標的辦法，就是離開現在的工作。

然後，在跨年前的晚上，我在英國打工度假的好友敲我，分析了利弊以後，透過視訊跟我說：

「那就來找我吧！阿慈，踏出妳的舒適圈吧！反正妳也沒有什麼損失。」

雖然覺得踏出舒適圈這句話很令人不安，但確實怎樣都不會比現在更糟。腦袋突然回想起老王樂隊的「你問我夢想在哪裡，我還年輕，我還年輕……」。我還年輕，離職後還怕找不到工作嗎？

帶著心中的不安，我還是決心飛離台灣，聯繫好在倫敦的朋友，在巴黎的朋友，以及安排好去柏林的行程後，我坐上飛機，帶著一顆刻意什麼都不要想、就像是跟朋友約晚餐要抱怨老闆跟工作環境一樣的感覺的心，展開一場遲來的 Gap Year，只是，我只有 Gap Month 而已！

非自願性離職

機票訂下去，卡也刷了，辭呈送出去後，我就知道這是一條無法回頭的路。冒險的勇氣很美，但肚子還是要吃飽，未來還是要顧一下。所以，當時我諮詢了很多有離職經驗的朋友、前輩，得知這世上有一個東西，會在你想休息的時候，給妳一些錢錢，讓妳可以休息一下。那個東西，就叫作失業補助。

不是所有的失業都能夠獲得補助。要領取失業補助的前提就是：非自願性離職。所謂的非自願性離職，就是被資遣，或是定期契約到期後不續聘。一句話來說就是：我還想來公司上班，但公司不給我來上班。

雖然求生本能驅使我不得不辭職，但該做的功課還是要做。要進入失業這個狀態，這個我過去想都不敢想的狀態，我必須得以先延續我的生命，並且不能中斷一些必要的支出，比方給家庭生活費等等。也要為了休息後，繼續活下去，回到正常的軌道之中，先儲備糧食才行。上網找了老半天，還是不能確定我的狀態是否符合，乾脆拿著契約書，直接到東區地下街的就業服務站問比較快。趕在五點前衝進去就業服務站，抽了號碼牌後，等待著叫號。

等待叫號的過程其實並不好受，坐在裡頭看著外面經過的人群，總想把自己隱藏起來，好像自己是這個社會即將失敗的人一樣，要來領失業補助，成為啃食國家的蛀蟲。每一個號碼之間，所需耗費的時間相當長久。或許是因為核發失業補助的手續十分謹慎，比失去工作所需的作業時間還久，在等了快一小時後，終於輪到我了。

接下來又是漫長的等待。

因為我的契約比較特別，所以引發了一陣小小的討論，那個時候我還覺得自己有點小小的貢獻，為他們做了一個腦力激盪，擴充樣本。最後，在就服員的口頭結論中，大致底定了我的契約屬於定期契約，請公司開離職證明後，便可申請就業補助。

從離職到第一次申請補助需要一個月，因此，我就安心且合理化的飛出國了。

回國後，休息了幾天，開始陷入惴惴不安。因此，在三月中時，我便請前公司開立了離職證明，備齊文件，前往就業服務站辦理失業補助。我還特意挑了個下午剛午休完的時間，去了一個比較偏僻的就業服務站，雖然這是我應有的權益，但我還是覺得很羞愧，不想遇到認識的人。

就業服務站不大，入口有志工協助抽取號碼牌以及資料填寫的教學。志工們人都非常好，也很親切的教導我如何填寫資料，並且大力的鼓勵我，我也跟志工們聊了一會，最後在志工們「妳一定找得到工作」

的鼓勵下，拿著號碼牌坐在舒適的沙發椅上，等著叫號。

那其實不是一個很閒適的環境，就跟失業一樣，都是令人坐立不安。等待的沙發椅落在就業服務站的中間，彼此是背對背的，等待者背對著等待者，被叫到號碼的辦理者又背對著大家。四面環繞的是經辦櫃檯，每一個櫃檯中間用著OA透明塑板隔著，板子上張貼著滿滿的須知。空間大概只有二十坪左右，每個人的聲音穿透其中，就連剛剛跟志工們的閒聊聲，其實也迴盪在空間裡。

等待的過程仍舊十分漫長，後來才知道，第一次來的人，平均辦理時間是二十分鐘以上。新北市是採取預約制的，也就是說，想辦理失業補助，必須要事先上網登錄預約，否則連踏進裡面的可能都沒有。經辦人員說，台北市的處長希望大開便民之門，所以採取現場等候。但對他們經辦人員來說，是個莫大的負擔。除了消化不完的人龍外，還有不耐久候的失業者。

是啊，這個世界什麼都要等，越弱勢的等越久，也越會遷怒於第一線人員。

起初是從志工櫃檯那裡傳來的。

似乎是一個三十出頭歲的年輕男性，已經失業了好幾年了。志工們問他說，為什麼每份工作都不持久？這樣會影響下次的認定資格，損及他自身的權益。

年輕男性回志工說「工作讓人不滿意」。志工又繼續追問：「哪裡不滿意？不滿意的話有做什麼樣的改善嗎？」年輕男性語速突然增快，聲音也大了起來。

「加班、加班、加班，每天都要我加班，薪水又只給基本薪資，跟我說有工作做就該感到慶幸了，生病也要加班，加班的錢都不夠我看醫生。我才三十歲，你知道我每天要吃多少藥嗎？」

男子激動不已，聲音也震動了沈悶的空間。但除了我以外，等候區的人或是坐著滑手機，或是發著呆，沒有人抬起頭。經辦人員也只有三三兩兩抬起頭看了一眼，便繼續處理眼前來申請補助的失業者。畢竟這些失業者能夠坐到這裡，至少是通過第一關。

最後，那名年輕男性仍舊不符合資格，把東西摔在地上後，大力的開門，走了出去，厚重的玻璃門隨著他的動作，劇烈的前後擺盪了一下，便又關閉了起來。彷彿什麼事都沒發生，就連志工們也沒有多加評斷。

坦白說我有點被這一幕嚇到，也覺得這裡的服務人員心臟都很大顆，怎麼臉上沒有任何的表情呢？稍後來，又進來一些人，其中幾個也有相同的反應後，我大致可以明白為什麼了。

接著，就叫到我的號碼了。

經手我的失業補助申請的，是一個年紀跟我差不多的女性職員。她仔細看了我的申請資料後，認為不是很符合申請資格，便跟我要了前公司的電話跟聯絡人，致電去詢問。

當電話接通時，我感覺到全身的血液在沸騰。那是一種丟臉充斥體內的感覺，「怎麼辦，這樣全公司不就知道我在領失業補助了嗎？他們會認為我是個廢物吧？或者就是個失敗者？果然跟他們想的一樣，就是個失敗者。」這樣的想法一直盤旋在腦海內，直到電話掛掉後，經辦人員的聲音才把我從遠方拉回來。

「張小姐，根據我剛剛的了解，妳的情形比較接近被資遣，而不是定期契約到期。只是我在猜，因為妳的薪資較高，所以公司可能不願負擔妳的資遣費。這樣比較可惜，不然妳離職隔天就可以來辦理手續的。」

經辦人員的話語，起了一點點的安慰作用。但我自己心裡明白，如果是被資遣，我會覺得很羞愧，倒不如像現在這樣，犧牲一點點權益，換得一點點面子，看起來還比較風光吧？

在辦理的過程中，和經辦職員閒聊，也透露出我之前的掙扎，特別是對於「領失業補助的社會觀感不好」提出我的感覺。經辦職員大力地反駁我說：「這是妳的權益，不用覺得不好意思。更何況，妳一定很快就可以找到工作的，不用擔心。」比起方才志工們的鼓勵，在經過了剛剛的洗禮後，我誠心地接收了這句話，因為我知道，他們不只是鼓勵，而是發自內心的評論。

失業補助，其實是一種社會福利制度，是為了幫助失業者走過求職的低潮期，期許他們能夠在重整後，重新回到職場的一項政策。然而，在台灣社會，長期認為失業者是自己不努力所造成的狀態，加上報章媒體總是報導，歐美國家因為擁有好的社會福利環境，讓一群依賴福利者的人由此產生，啃食國家預算的新聞，導致台灣人對於「社會福利」這四個字的印象，跟髒話沒什麼兩樣。所以，比起澄清社會福利制度的內涵，一些關於社會福利所帶來的弊端更容易躍上檯面，造成大家對於社會福利制度的誤解，最後演變成快餓死了卻不敢也不知道如何尋求社福機構協助的現象。

再者，對於多數非自願性離職的人來說，他們多數不知道自己為何會離開職場，也更不知道如何回到職場。然而，在台灣社會，即使網路或者是相關機構，幫助這些人釐清原因，進而傳授回職場撇步的資訊跟協助都相對少，而且非常具有刻板印象。舉例來說，我在第二次認定時，

經手我的失業補助申請的，
是一個年紀跟我差不多的
女性職員。
不是很確定是否符合申請資格…
請容我去電到之前公司詢問一下。
好的。
緊張
緊張
LOSER
沒用
失敗者
怎麼辦，這樣全公司不就知道我在領失業補助嗎？
他們會認為我是個廢物吧？或者就是個失敗者？
嗚…
果然跟他們想的一樣，就是個失敗者。
根據我剛剛的了解，妳的情形比較接近被資遣，而不是定期契約到期。
只是我在猜，因為妳的薪資較高，所以公司可能不願負擔妳的資遣費。
原來如此！
雖然如此…
但比起被資遣…
心情複雜
唉呀唉呀
還是說是定期契約到期風光一點呀！
這種時候還要面子

就常常聽到其他經辦窗口的年輕人，被推薦的工作是清潔工、作業員、保全等，很快可以找到上工，但很難有累積，在年齡漸大時，更容易被資遣的工作。而在他們還保有一定挑戰機會的年齡時，沒有太多地方協助他們去試試看。所以，他們也是預期性的、未來的非自願離職高峰族群。

此外，在進行失業補助認定的過程中，所需遵守的權利義務也非常多，且兼差允許的金額非常少，好像要在某個水平線以下，才能獲得領取社會福利的資格。簡單來說，就是要符合社會的可憐刻板印象。

但這樣子，其實是在這個過程中，讓更多人學習如何去習慣底層生活，甚至於去壓縮自己未來的路，認定自己只有符合社會想像的路可以走。學經歷不好的，男生就去做保全，女生則是去做行政，或者是去餐飲業。學經歷高的，在幾次找不到工作後，也會被耳提面命說要降低標準，而不是去想為什麼已經進入官方網站的工作，仍舊可以理直氣壯的低薪、高工時。

一次，在認定資格取得時必須要參與的講座上，人力資源顧問的講師請大家搜尋關鍵字，以便開展更多的工作渠道。其中的一兩個渠道，是英文的。為了讓大家清楚理解，講師一個字一個字的拼給大家聽。這時候，有一個看起來三十幾歲的男性開口說：

「我覺得你不要浪費時間，連這幾個英文字都聽不懂的人，根本沒辦法在這些地方找到工作。」

霎時間，很多人停下了筆，坐我旁邊的女生，甚至拿起修正帶，把剛剛寫上去、字跡娟秀的英文字給塗掉了。

講師當然立刻反駁說：「這位同學說得沒錯，但不會拼也沒關係，至少可以讓大家知道一個新的管道，拓展視野，說不定就有被看到，進而找到工作的機會。」

但現場人士並沒有因為講師這句話重新把筆拿起來，我旁邊的女生，也只是把手機拿起來，開始自拍，傳給她的朋友。整場到了最後，她唯一重新提筆寫下的，是關於傳統產業的行政工作，應該怎麼面試，履歷要怎麼寫。

對了，她在稍早的自我介紹中，說自己是一名行政人員。對於轉職很有興趣，也有去進修PS跟AI，希望可以順利轉職，畢竟自己還年輕。

首先，要感謝的是……男朋友？

還沒找到工作，且又剛做完失業認定。雖然有一定的經濟壓力，但在前一份薪水的庇蔭下，還能有一兩個月的休息時間。於是，我聯繫了之前因為工作忙碌而疏於關照的朋友們。有些，是之前有過待業的經驗；有些，也才剛找到工作；有些，甚至才剛離職。總而言之，我身邊的朋友，在這個年紀，或多或少都有點待業的經驗，或正在準備待業。特別是女性朋友，總感覺是到了人生的轉折期，而不得不停下腳步做些選擇。

幾乎是每兩天就跟一位朋友聊天，但越聊越覺得有點不太對勁。

一開始，是一個在工作上小有成就的學姐，我們外加她的老公一起，約在一間餐酒館，隨意點了一些串烤跟小點，一人一瓶啤酒。學姊的老公大概四十歲左右，剛剛離開電子產業的工作，準備轉職中。學姐則是在電信產業做個小主管，現在是家中唯一的經濟來源，兩人有一個小孩，平日是由老公照顧小孩，假日夫妻會一起帶小朋友出去玩，或是陪伴小朋友學習。平日晚上，學姐會很努力的結束工作，力求在下班時間準時回到家，讓老公休息。

學姐曾經在金融海嘯期間，失業了好一陣子。擁有台大學歷的學姊，遇到大環境的不景氣，也被打得招架不住。找到的工作不是只有二十二K，就是不穩定的派遣工，甚至還失業了。在當時，學姐每天透過各種管道找尋工作機會，進修不同的專業技能，考取證照，也修改履歷，但總是石沈大海，查無音訊。

正職工作無著落，學姐便開始兼差打工。一邊兼差，一邊找工作，因為工作是排班的關係，也會先把家裡打點好才出門。過了好久後，學姐終於找到還不錯的正職。也因為在待業期間學習了很多技能，後來持續地推進她在工作上的表現。

我問學姐，在那個漫長的待業生涯中，她覺得找到工作最重要的關鍵是什麼？是專業證照嗎？還是學經歷？又或者是面試技巧？

學姐回答我說：「雖然這樣說很不社會學，但當時我交了男朋友，他給了我很大的安定感。」那個男朋友，就是她現在的老公。學姐告訴我，待業期間她沒有收入，只能住在男朋友的租屋處，少了付房租的經濟壓力，讓她可以無後顧之憂地去找工作。但是，學姐仍舊有幫忙付水電瓦斯費，也有負擔生活開銷，甚至還把家裡打點得很好才出門。如果以金錢計算，其實彼此的付出是一致的。但學姐認為，因為她的男朋友提供她一個無虞的居住環境，她才可以留在台北，不至於要回到家鄉找工作。所以，她很感謝男朋友，在當時讓她擁有滿滿的安定感。

當然，履歷應該怎麼寫，面試應該怎麼進行等技巧，學姐也是有傳授給我。在酒瓶漸漸空了的時候，我轉頭問學姐老公，中年轉職他不怕嗎？學姐老公回答我，他不怕，因為他有豐富的經驗跟技能，過去他也是因為這樣找到工作的。

學姐難道不是因此找到工作的嗎？我不知道，也不敢問。

另一個朋友，在去年毅然決然辭掉台北的差事，到了男朋友工作的城市。因為她交往多年的男友已經買了房子，算是對她下了最後通牒，希望她來跟自己一起，進行人生的下一個階段。房子已經買了幾年，朋友也猶豫了好久，因為她做的是電商相關工作，離開台北的工作機會銳減，薪資跟未來發展性也大打折扣。

當她跟小主管請辭的時候，小主管也希望她好好考慮，是不是有其他方式可以溝通看看，小主管真的怕她會後悔。但一個舊曆年過去，捱不過雙方父母的諄諄教誨，朋友終於下定決心辭了工作，放自己一個小假，出國旅行。回國後搬到了男友所在的城市，認真找工作。

同樣類型的工作，果然相當難找。薪資、待遇先不說，光是工作機會，就少了非常多。在這段期間，朋友先做兼職，收入也還可以。大概過了三、四個月，朋友終於找到還算可以接受的工作。這一天我們約吃飯，也是慶祝她有了新東家，並且慰問她工作得如何。

朋友告訴我們，她其實很想離職，因為這個工作不適合她，也比想像中更不像電商工作。雖然薪水不低，但讓她逐漸偏離了原先有興趣的領域。但她的男友也有意要換工作，所以她暫時不能少了現在這份收入。

「畢竟之前吃他的住他的，該是我報答的時候了，不能兩個人都沒收入。」

朋友跟我們說，男友沒有要求她幫忙付房貸，讓她可以免費住在房子裡面，讓她的經濟壓力減輕了許多。但她還是覺得很不好意思，所以她會打掃家裡、購置生活用品、煮飯、洗衣服等，讓男友可以有家的感覺，回家就覺得溫馨、幸福。她認為這是她自己應該付出的，也感謝她的男朋友，提供她一個安定的環境。

但朋友在台北其實是有居住的地方的，她是為了要跟男友論及婚嫁，才辭去前程似錦的工作，到了他鄉重新開始。因此，即使留在台北轉職，她仍舊可以有穩定的生活條件，並不像她說的，多虧有男友作後盾，她才能高枕無憂的找工作。

而另外一個朋友，剛剛轉做自由接案者。她本來就有打算走這條路，也用過去的積蓄和媽媽一起整修房子。但她告訴我，真正讓她下定決心辭去工作追求夢想的最大理由，就是她交了男朋友。她可以去住在男朋友家裡，縱使男朋友家離她家的車程不到三分鐘，都成了她心靈安定的來源。

同樣的說法，我卻從來不曾從我的男性朋友那裡聽過。

即使有些人也是跟女友合租房子，在待業期間，都是女友負擔全部的房租，但男生總是會說，他們之後會負擔更多，然後把能夠找到工作的理由，歸納至自己的努力、專業技能、經驗，以及，少少提及的女友的陪伴跟鼓勵。似乎那些由女性背負起來的經濟跟生活開銷，都是未來可以透過「更加照顧、負擔更多」所先行抵用的。

這很不對勁，身為女性的我們，學習了女性主義的我們，為什麼會把自己的努力跟付出給淡化，反而放大了男性所帶來的，特別是在經濟上的安定感，並將其視為推動轉變人生最主要的動力。

大大認為，她用可愛，讓她想要做的事情可以事半功倍的完成。因為可愛的女生，在世上是無敵的，這是一種符合父權社會的想像。而女性主管因為結婚生子面臨的衝擊，也讓她升起了對於女性職涯考量的擔憂。小慈為了追求心目中的平凡生活，付出了非常大的勇氣跟衝勁，並且有計劃地去實踐規劃中的人生，但小慈還是在言談之中，感謝主，感謝她的男朋友，前者是心靈上的安定，後者則是身心靈的安定。

尚恩過去因為長得像女性，而有著深深的自卑感，並且懼怕著生理男性。當長相越來越脫離女性時，尚恩鬆了一口氣，並且感受到了身為生理男性的優勢。不用擔心年輕時懷孕而失去未來，不用以自然科學為名，倒數著適合受孕的期間，並且在社會期待下，勉強在三十歲時做出人生重大的犧牲抉擇，就像是我那名離開台北電商工作的朋友一樣。即使是熟讀性別，尚恩仍然在分家產這一塊的討論上，認為家中所有的遺產應該是由自己這個生理男性繼承，而姐姐過去得到的資源已經夠多了，不應該再回來分任何屬於自己這個「男生」的遺產。

阿文同樣也是受挫於這樣的體制當中，他努力著、拚命著，也亟欲的尋求翻身。但他仍然不敢向女友求婚，只因為他覺得自己無法給女朋友一個符合社會想像的照顧，所以他預設了前提，認為自己在成功翻身前，還不夠資格成家立業。縱使他的女友並不在意房子或是存款，也不必然期待阿文一定要給予自己在經濟上的照顧，但仍舊打不破阿文對於自己階級有關男性的想像，以及成長過程的經驗所帶來的影響。

我的學姐，我的朋友，在成長的過程中，仍舊受限於社會的刻板印象，特別是對於性別跟階級的刻板印象，然後將自己目前所能擁有的成功，歸因在一個符合社會想像的條件中，來證明自己跟他人無異。當我們在未能符合社會想像的條件下，不小心翻身了，我們會極力去找尋符合社會想像的原因，來證明自己的努力有跡可循。無獨有偶，在我們面臨挫折時，也會致力於追求符合社會規範的條件，然後藉由滿足這樣的條件，來讓我們重新翻身。

然而，這樣真的可以翻身嗎？

翻身的未竟之功

幾個月前，作為一個憤世青年的代表，我去參加一場對談會。我談到作家書中，唯一在這場金融遊戲中全身而退的，是沒有加入買房競賽，把錢拿去外國學技術的配角。這跟當代台灣在解決年輕人問題時，提倡應該大力發展技職產業，培養具有專業技能的人才，並且鼓勵大家都去考證照的方向，如出一轍。

作家告訴在場所有聽眾，台灣人必須要先破除有土斯有財的想法，才能從不公平的遊戲中全身而退，否則，終究深陷於此。年輕人要知道自己還有很多選擇，不要自我設限，給予自己前進的勇氣，才能獲得成功的門票。

作家說的話，其實跟坊間以及市面上許多心靈勵志書籍一樣，都是喊話鼓勵型的，對於實際上該怎麼做，沒有提出太深刻的解答。我在猜，他們應該也不知道，只是剛好被問到這題，或是剛好遇到身邊有人成功，把他們的故事寫下來而已。

然而，那些翻身不成功的人，難道就只能躺下嗎？

對於許多翻身到一半的人來說，因為已經看過了天堂，也從地獄中爬起，要他們再回到自己原生家庭所能被想像的預期未來，是極為不可能的。那是個沒有更多選擇、也處處受限的處境。就像是漫畫裡面那些一開始開展的明亮道路，最後一道道關起來、甚至布滿荊棘的鎖上，令人感受到的是深層的絕望以及恐懼。因為我們背後的路正在墜落，還沒有看到任何終點站可以歇歇腳，所以我們只能不斷奔跑。

以前，很喜歡去吃到飽餐廳，一九九吃到飽，食材好吃又豐富。後來，去了其他地方吃吃到飽，發現菜單有分別。三九九吃到飽的選擇，比起五九九少了一兩道，但就是那關鍵的一兩道，展現出了兩百元的價值跟差距，無論是牛舌還是天使紅蝦，或是手工豆皮以及水耕蔬菜，都是彰顯出身分地位的美味。吃過了餐廳的單點料理後，才會明白有些食物，是不需要文化資本累積，純粹就是只要嘗試過就能知道美味。

而翻身後的滋味就是如此美味，令人不想也不敢想像回去後的樣子。

這樣的人生，是一種 up&out 的人生。沒有中間的停留，只有不斷的前進，或是再見掰掰。在成長的過程中，像我們這樣的人，看著前人的成功腳步，閱讀他們成功後所撰寫的故事，然後，用著社會早期的成功方法，努力著、努力著，讓我們短暫看到了翻身過後的風景。

然而，實際上社會早已經過又一波劇烈的變動，過去透過讀書所能達成的翻身，幾乎已經不復存在。透過這條路徑上來後，看到的是已經塞滿的道路，就像是塞車的聖母峰，隨時都有墜落、喪失生命的可能。

在進無路、退無步的情形下，持續前進看起來是道阻且長，退一步又必須退回起跑點，怎麼會甘心？也因此現實總是讓人絕望，進而封閉了自己的每一條道路，或者是蒙著眼睛繼續奔跑，盲目不安的走過每一天。

這不是翻身的最好方式，也不是翻身的唯一方式，乾脆就躺下，更是做不到的事情。因此，我們只能試著改變，改變翻身的路徑。

重新定義那些關於翻身的重要小事

不知道從什麼時候開始，可能是從海龜的鼻孔拉出一條塑膠吸管開始的吧？關切環保的意識就更加蓬勃發展了，隨身帶著餐具已經不稀奇，玻璃吸管、甚至可以用來代替包裝餐盒的食物袋，也都陸續從大家的包包中拿出來。

曾經有人嗤笑這樣的行為，認為與其環保，不如努力賺錢發大財。台灣人就是關心這些小的，守著小確幸，才失去很多機會。倒不如學學中國人的狼性，更具侵略性的去追求自己訂定的目標，不達目的誓不罷休，就算傷害別人也是必要之惡，這樣國家才能進步，社會才能持續發展。

這樣狼性當道的論述，就跟前人發展的路徑是一樣的，只看見自己，沒有盡到社會責任，過去所闖下的禍，種下的苦果，當代年輕人知道自己正在扛。我們正在一個空氣、水、自然等重重污染的環境下長大，也因此我們在尋求翻身的過程中，背負著更多的壓力跟期待，我們無法像過去一樣，揮霍著物產豐饒，我們能夠失去的已經不多了，或許比我們擁有的還要少。

而對於弱勢階級來說，當環境產生劇烈變動、甚至惡化時，首當其衝的便是這群人，也因此，我們必須分出心力來關心社會，關心環境，關心我們所想要保有的價值。所以，當檯面上的成功者在歌頌、推崇中國年輕人的成功條件「狼性」時，加上報章媒體所報導的中國社會現狀，反倒會喚起我們對於上一代力求發展而債留子孫的記憶，進而成為世代不正義的問題。這種不公不義，對於要想在這樣規則下尋求翻身的我們來說，是相當不友善的。

因此，我們只能改變規則。

社會既有的成功模式已經相當老舊。有土斯有財、養兒防老、成家立業等觀念，壓得我們喘不過氣。如果我們現在背起房貸，二十年過去，緊接著就要面臨都更，一生都被房子鍊住了手腳，沒辦法出國去看看，反而還會被說不國際化，動輒得咎。

而對於弱勢階級來說，符合既定成功模式的路徑更是一種傷害。傳統透過讀書翻身以及成功的故事，已經在許多資料跟經驗的驗證下被揭穿，其實更重要的是，背後因階級背景所帶來的視野、價值觀跟人脈。

就像是我朋友總是看著台北的人說：

「你們台北人，都把全身家當穿在身上，好像怕別人不知道你們有錢一樣。」

而朋友身上簡單的T恤、牛仔褲，以及腳上踩的布鞋，可能都比我手上的 iPhone 還要貴。又或者是把自己的小孩送進私立中學，卻無力負擔學費以外的經濟支出，甚至是教養方式以及價值觀，孩子在學校無法融入群體，終究慘賠出場。

在這樣的情形下，能夠解套的方法不多，撇除砍掉重練、重新投胎這種開玩笑的想法，唯一能解套的，就是重新定義成功。

可能是因為成功故事太令人作嘔，所以社會上開始瀰漫一股討論「失敗」的風潮。但是，不成功便失敗，也未免太極端。成功如果那麼難，就像作家所說的沒有一千萬就不要出來投資，難道我們真的就不投資嗎？

當然不是啊，是換個投資方式嘛！傻傻的。

或許這樣的想法很阿Q，或者是被說成很消極、退縮，但這些批評我們的前輩、長者，可能在年輕的時候，還無法想像未來有一個年輕人最夯的職業叫作 Blogger，然後一下子被 YouTuber 取代。未來可能還有一個什麼 xxer 會應運而生，成為成功的新指標也不一定。

每個童話故事的最後，都是幸福快樂的結尾。但中間的過程，以及他們設定的幸福快樂，都不一致。我們當然也可以設定自己的幸福快樂。然而，我們更必須要了解，當我們重新定義自己的幸福快樂後，在努力追求的過程中，也要改變追求的方式，否則會更加矛盾、痛苦。

如果我們認定的幸福快樂，是可以走進單點餐廳，吃到開心吃到爽。那比起賺很多錢去吃傳統認定好吃的餐廳，發掘高 CP 值的餐廳，可能更加重要，也更容易達標，甚至可以幫助像我們一樣的人，去找到他們的成功美好。就像是我的一個朋友跟我說，他設定的成功短期目標，是在信義區找到一百塊錢有找的美食，分享給大家。

那他有找到嗎？還真的有，而且很美味，就在車水馬龍的一〇一附近。當我們改變自我定義，並且對於未來不設限，才可能打破限制，造就自己一個躺下來的時間跟空間。畢竟，未來會發生什麼，真的沒有人會知道。

前陣子，學長的女兒生了。一個很可愛的女孩，真的超乎想像的可愛，跟學長還有學姐不太像。學姐偷偷跟我們說，她在懷孕的時候，一直跟肚子裡的寶寶說『要長得可愛，不然媽媽不喜歡，社會也不喜歡喔』。很殘酷，但很真實，也讓人有點難過。這些，學長不知道，其他人也不知道。學長唯一在乎的，是女兒名字要取什麼，未來她想要變性時，還可以用。或者是要怎麼教養小孩，才可以讓她堅強不被社會打擊到。

最近，他焦慮的事情變成：女兒滿週歲時要抓什麼？我們討論了好久，最後學長說了他的焦慮來源：「哎，好難準備抓週所需的道具啊，就像我現在做的風電產業，三十年前誰想得到有這個產業會出現？我怎麼會知道，等到寶寶長大後，還有什麼產業會出現？我甚至連未來她會不會選擇當男生都不能確定了！」

只要我們時時刻刻提醒自己，肩頸的沈重，是因為我們背著的是足以劃除荊棘的寶劍，而不只是腰上用來攀爬、固定自身的繩索。那麼，當荊棘重重纏繞我們未來那扇門時，我們便具有破除阻礙的力量，而不是只能解下腰間繩索。這樣一來，累的時候，為了活下去，勇敢的躺下吧！躺在我們的寶劍上，休息夠了再出發吧！

大大認為，她用可愛，讓她想要做的事情，可以事半功倍的完成。
這是優勢!!
小慈
縱使她仍舊是依循著過去的勇氣跟衝勁去實踐她的人生進程
但她把大部分的成就，歸功於她的男朋友。
都是多虧了他!
嘿嘿!
尚恩感受到了身為生理男性的優勢
認為家中所有的遺產應該是由自己這個生理男性繼承
難道她要占盡資源嗎?
再給我一點時間!!
阿文仍然不敢向女友求婚，只因為他覺得他無法給女朋友一個安穩的家。
「我覺得我改變了妳的人生」
「讓妳變得更有自信了。」
然而，這樣真的可以翻身嗎？

國家圖書館出版品預行編目資料

乾脆躺平算了!? ——關於翻身,那些沒說的故事...... / 張慧慈著 ; BIGUN繪. -- 初版. -- 臺北市 : 大塊文化, 2019.07
面 ; 公分. -- (smile ; 162)
ISBN 978-986-213-986-8(平裝)

1.臺灣社會 2.生活史

542.0933 108009098

LOCUS

LOCUS